Rosa Luxemburg

mit Selbstzeugnissen
und Bilddokumenten
dargestellt von
Helmut Hirsch

Rowohlt

Dem Andenken von Paul Frölich und Peter Nettl

Dieser Band wurde eigens für «rowohlts monographien» geschrieben
Den Anhang besorgte der Autor
Herausgeber: Kurt Kusenberg · Redaktion: Beate Möhring
Umschlaggestaltung: Werner Rebhuhn
Vorderseite: Rosa Luxemburg in ihrer Berliner Wohnung
(Foto Rosi Frölich)
Rückseite: Das Grabmal der Rosa Luxemburg (Zentralbild / Ritter)

Veröffentlicht im Rowohlt Taschenbuch Verlag GmbH,
Reinbek bei Hamburg, Oktober 1969
Copyright © 1969 by Rowohlt Taschenbuch Verlag GmbH,
Reinbek bei Hamburg
Alle Rechte an dieser Ausgabe vorbehalten
Gesetzt aus der Linotype-Aldus-Buchschrift
und der Palatino (D. Stempel AG)
Gesamtherstellung Clausen & Bosse, Leck
Printed in Germany
1290-ISBN 3 499 50158 9

19. Auflage. 95.–96. Tausend August 1996

Inhalt

Kindheit – Jugend – Studienjahre   7
Hecht im sozialdemokratischen Karpfenteich   28
Die glücklichsten Monate   45
Die Parteischule   63
Vom bürgerlichen Imperialismus
   zum proletarischen Imperium   75
Ein Taubenherz hinter Gittern   87
Spartakus   103
Der Tod des Adlers   117

Anmerkungen   131
Zeittafel   140
Zeugnisse   144
Bibliographie   148
Namenregister   157
Über den Autor   160
Quellennachweis der Abbildungen   160

KINDHEIT – JUGEND – STUDIENJAHRE

Das wahre Land der unbegrenzten Möglichkeiten ist – ein Menschenleben. Jemand mag eine winzige Gestalt, einen unverhältnismäßig großen Kopf und eine allzu lange Nase haben. Er mag obendrein auch noch unschön gehen. Alles das braucht ihn an der Gewinnung langjähriger Liebesbeziehungen nicht zu hindern. Ein anderer bringt gleich zwei gesellschaftliche Höcker mit auf die Welt. Er gehört zum schwächeren Geschlecht und zur numerisch wie machtmäßig schwächsten der drei abendländischen Glaubensgemeinschaften, gelangt jedoch trotz Diskriminierung in die Führungsspitze solcher geschichtsbildender Bewegungen wie der sozialdemokratischen und kommunistischen. Wieder ein anderer wächst in einem bestimmten Sprachbereich auf, sagen wir im russisch-polnischen, und lernt in einer dritten Sprache, der deutschen etwa, unvergängliche Sätze sprechen und schreiben.

Der Mensch, dessen Weg und Werk dieser Essay nachzuzeichnen unternimmt, vereinigte in seiner Person sämtliche aufgezählten Kontrastentwicklungen. Seinen jugendlichen Wagestückchen, dem illegalen Verlassen Polens und der scheinlegalen Niederlassung in Deutschland, wurde wenig Beachtung geschenkt. Sein politisches Hervortreten aber, seine Haftstrafen und sein gewaltsames Ende zogen immer weitere Kreise. Und als ein halbes Jahrhundert nach dem tragischsten Attentat der neueren deutschen Geschichte westdeutsche Studenten gegen ihr Aschenbrödeldasein rebellierten, versahen sie das Hauptgebäude ihrer Alma mater, dessen Unansehnlichkeit auch Gerhard Marcks' bronzener Albertus Magnus nicht wegzaubern konnte, einen flüchtigen Augenblick lang mit dem symbolhaft empfundenen Namen: Rosa-Luxemburg-Universität.

Rosas Ursprünge bleiben unter dem Schleier ihrer Unmitteilsamkeit verborgen. Nicht einmal über das Geburtsdatum besteht absolute Klarheit. Daß ihr Geburtstag um die Jahreswende gefeiert werden konnte, scheint aus einem ihrer Briefe von Anfang 1907 hervorzugehen. Mit konspirativem Stolz wies sie in ihm darauf hin, daß sie jünger sei, als es ihrem *korrigirten*[1]* Geburtsschein zu entnehmen wäre. Das «verbesserte» Datum war wohl der 25. Dezember 1870. Der am 19. April 1898 von ihr in Basel unterschriebene Eheschein, eine notariell beglaubigte Bestätigung ihres Vaters und ihre späteren Aussagen vor Gericht gaben jenes Datum an, wobei stets offenblieb, welcher Kalender gemeint war. Luise Kautsky und Henriette Roland Holst-van der Schalk, beide eng mit Rosa befreundet, ließen sie in

---

* Die hochgestellten Ziffern verweisen auf die Anmerkungen S. 131 f.

lesenswerten Lebensbeschreibungen am 5. März 1870 auf die Welt kommen. Dasselbe tat ihr Genosse und erster ernsthafter Biograph, Paul Frölich. Der Oxforder Politologe Peter Nettl, Autor der umfassendsten politischen Biographie, entschied sich dagegen für den 5. März 1871. Die Entscheidung hat viel für sich, obwohl sie auf einem nicht unterzeichneten und in bezug auf Rosas Studienfächer recht unzulänglichen Lebenslauf basiert. Auch mit ihrem Namen nahm Rosalia (wie sie ursprünglich hieß) eine Korrektur vor. Das Abgangszeugnis vom 14. Juni 1887 – mit der Angabe «17 Jahre alt» – war auf «Luxenburg» ausgestellt. So schrieb ihr Bruder Józef, Rückenmarksspezialist und Fabrikarzt, sich noch 1931, als er Frau Kautsky «Rosas kleine goldene Taschenuhr mit Ihrem Monogramm L[uise] R[onsperger]»[2] als Andenken an die ermordete Besitzerin zurückgab. Luise berichtete von «sieben Brüdern»[3]; die übrigen Biographen beschränkten sich auf fünf Geschwister, drei Knaben und zwei Mädchen.

Was feststeht, ist der Geburtsort – Zamost (Zamość), eine Provinzstadt südöstlich von Lublin im galizischen Gebiet Polens, das 1772 bei der ersten polnischen Teilung Österreich und 1815 auf dem Wiener Kongreß endgültig Rußland zufiel. Der Vater, ein jüdischer Holzhändler namens Eliasch (woraus Rosa in einer späteren gerichtlichen Erklärung Eduard machte[4]), besaß am dortigen Marktplatz ein ansehnliches Haus. Er ging in Deutschland zur Schule und unternahm Geschäftsreisen dorthin. Auch die Mutter, Lina, eine geborene Löwenstein, verfügte über eine das klassische deutsche Bildungsgut einschließende Erziehung. Als Rosa im Juni 1917 hinter der Gardine ihres Fensters in der Festung Wronke der Fütterung eines gerade flüggen Buchfinks durch *Mama Buchfink* zuschaute, entsann sie sich allerdings einer weniger seltenen mütterlichen Gabe. Nach einem

Studenten-Demonstration an der Kölner Universität am 30. Mai 1968

mitleidigen Seufzer für die *abgemagerte, verhärmte* und *struppige* Vogelmutter erinnerte sie sich daran, *daß in meiner Familie eigentlich genau so als unverbrüchliches Naturgesetz galt, daß die Mutter ausschließlich dazu auf der Welt sei, um unsere ewig aufgerissenen Schnäbel (den des pater familias vor allem!) nach jeglicher Richtung und Dimension zu stopfen*[5]. Rosa, das Nesthäkchen, verließ dieses «Klein-Paris»[6], wie der jiddische Schriftsteller Isaac Leib Peretz die Stadt Zamost in seinen Memoiren humorvoll apostrophierte, noch im Kindesalter. Schon 1873 übersiedelten die Eltern in eine Mietswohnung der Landeshauptstadt Warszawa.

Der Warschauer Kindheit gedachte Rosetta – so unterschrieb die immer etwas Verspielte sich dieses Mal in einem Brief an Karl und Luise Kautsky –, während sie drei Jahrzehnte danach in Zwickau eine Gefängnisstrafe absaß. *Damals zu Hause schlich ich mich in der frühesten Morgenstunde an's Fenster – es war ja streng verboten, vor dem Vater aufzustehen – öffnete es leise u(nd) spähte hinaus*

Der Marktplatz in Zamost

in den grossen Hof. Da war freilich nicht viel zu sehen. Alles schlief noch, eine Katze strich auf weichen Sohlen über den Hof, ein paar Spatzen balgten sich mit frechem Gezwitscher, und der lange Antoni in seinem kurzen Schafpelz, den er Sommer u(nd) Winter trug, stand an der Pumpe, beide Hände u(nd) Kinn auf den Stiel seines Besens gestützt, tiefes Nachdenken im verschlafenen ungewaschenen Gesicht. Es folgte eine ergötzliche Charakterbeschreibung des Hausknechts. Dieser Antoni war nämlich ein Mensch von höheren Neigungen.

Der Vater: Eliasch Luxenburg

Jeden Abend nach Thorschluss sass er im Hausflur auf seiner Schlafbank u(nd) buchstabierte laut im Zwielicht der Laterne die offiziellen «Polizeinachrichten», dass es sich im ganzen Hause wie eine dumpfe Litanei anhörte. Und dabei leitete ihn nur das reine Interesse für Litteratur, denn er verstand kein Wort u(nd) liebte nur die Buchstaben an und für sich. Trotzdem war er nicht leicht zu befriedigen, und als ich ihm einmal auf seine Bitte um Lektüre (John) Lubbocks «Anfänge der Civilisation» gab, die ich gerade als mein erstes «ernstes» Buch mit heisser Mühe durchgenommen hatte, da retournierte er es mir nach 2 Tagen mit der Erklärung, das Buch sei «nichts werth». Ich meinerseits bin erst mehrere Jahre später dahintergekommen, wie recht Antoni hatte. –

Und nun dieses Selbstzeugnis, das uns einen Schlüssel zu Rosas Mangel an Verwurzelung mit ihrer jeweiligen Umwelt zu liefern scheint. *Also Antoni stand immer erst einige Zeit in tiefes Grübeln versenkt, aus dem er unvermittelt zu einem erschütternden, krachenden, weithallenden Gähnen aushohlte, und dieses befreiende Gähnen bedeutete jedesmal: nun gehts an die Arbeit. Ich höre jetzt noch den schlürfenden, klatschenden Ton, womit Antoni sei-*

Die Mutter: Lina, geb. Löwenstein

*nen nassen, schiefgedrückten Besen über die Pflastersteine führte u(nd)
dabei immer ästhetisch am Rande sorgfältig zierliche, ebenmässige Bogen beschrieb, die sich wie eine brüsseler Spitzenborde ausnehmen
mochten. Sein Hofkehren, das war ein Dichten. Und das war auch der
schönste Augenblick, bevor noch das öde, lärmende, klopfende, häm-
mernde Leben der grossen Mietskaserne erwachte. Es lag eine weihevol-
le Stille der Morgenstunde über der Trivialität des Pflasters, oben in
den Fensterscheiben glitzerte das Frühgold der jungen Sonne, und ganz
oben schwammen rosig angehauchte duftige Wölklein, bevor sie im
grauen Grossstadthimmel zerflossen. Damals glaubte ich fest, dass das
«Leben», das «richtige» Leben irgendwo weit ist, dort über die Dä-
cher hinweg. Seitdem reise ich ihm nach, aber es versteckt sich immer
hinter irgendwelchen Dächern. Am Ende war Alles ein frevelhaftes
Spiel mit mir, und das wirkliche Leben ist gerade dort im Hofe geblieben, wo wir mit Antoni die «Anfänge der Civilisation» zum ersten Mal lasen?*[7]

Den mit Anton verbundenen Vorstoß ins Reich der Wissenschaft
und der Pädagogik dürfte Rosa unternommen haben, nachdem sie
längst, dem Abgangsattest zufolge Mitte Juni 1880, in die erste Klasse des zweiten Warschauer Mädchengymnasiums eingetreten war. Sie
erhielt hier nach sieben Schuljahren «bei ausgezeichnetem Betragen»
im Endexamen vierzehnmal die Zensur «ausgezeichnet», und zwar
in den Fächern Religion, Pädagogie, Polnische Sprache, Arithmetik,
Algebra, Geometrie, Geographie Rußlands, Naturwissenschaften, Allgemeine Geschichte, Physik, Kosmographie, Kalligraphie, Zeichnen
und Weibliche Arbeiten. «Sehr gut» bekam sie in den übrigen Fächern, nämlich Russische Sprache, Deutsche Sprache, Französische
Sprache, Allgemeine Geographie und Russische Geschichte. Das Di-
plom trug außerdem den Vermerk: «Da Rosalie Luxenburg mit
sehr guten Leistungen im Allgemeinen den vollständigen Kursus ab-
solviert hat, so hat der pädagogische Rath bestimmt, ihr dieses mit
den nöthigen Stempeln u[nd] Unterschriften versehene Attest zu
gewähren.»[8] Vergleichen wir den Kommentar mit der von den Biographen verzeichneten Angabe, wonach Rosa laut Zeugnis beim
Schulabgang wegen «ihrer oppositionellen Haltung gegenüber der
Autorität»[9] die ihr sonst zustehende Goldmedaille verweigert worden wäre, dann müssen wir uns fragen, ob nicht auch hier an ihren
Papieren herumgedoktert wurde.

Woraus bestand die etwas mysteriöse Opposition? Was ein sen-
sibler und geweckter Backfisch beispielsweise bei der Bestrafung
aufsässiger Soldaten durch die Russen empfinden mochte, läßt sich
aus der Einleitung erraten, die Rosa während der Haft im Strafge-
fängnis Breslau ihrer Übersetzung der Selbstbiographie von Vladi-

Rosa, fünfjährig

mir Korolenko voranschickte. *Im alten Rußland, heißt es da, war die Todesstrafe für gemeine Verbrechen längst abgeschafft. Die Hinrichtung war in normalen Zeiten eine Auszeichnung, die für politische Verbrechen vorbehalten war.* Besonders seit dem Aufleben der terroristischen Bewegung Ende der 70er Jahre kam die Todesstrafe in Schwung, und nach dem Attentat auf Alexander II. scheute die zaristische Regierung sogar nicht davor zurück, Frauen dem Galgen zu überantworten: so die berühmte Sophie Perowskaja und Hessa Helffmann. *Immerhin blieben die Hinrichtungen damals und noch später Ausnahmefälle, bei denen jedesmal die Gesellschaft erbebte. Als in den 80er Jahren vier Soldaten des «Strafbataillons» hingerichtet wurden, zur Strafe für die Ermordung ihres Feldwebels, der sie systematisch gepeinigt und mißhandelt hatte, spürte man selbst in der widerstandslosen, gedrückten Stimmung jener Jahre so etwas wie ein Erschauern der öffentlichen Meinung in stummem Entsetzen.*[10] Diese Soldatentragödie ereignete sich im Jahr vor Rosas Schulentlassung.

Doch von dem, was Rosa unternahm, um jenem Entsetzen Ausdruck zu verleihen, wissen wir nichts Sicheres. Eine Sekundärquelle von unbestimmbarer Qualität – die Trauerrede des späteren sozialdemokratischen Abgeordneten und Rechtsanwalts Paul Levi vom 2. Februar 1919 – wußte von einem liberalen, schließlich polizeilich aufgehobenen Kränzchen, in das sie nach der Schule eintrat. Sie selbst sagte in einem Empfehlungsschreiben von der etwas jüngeren Estera Wodzislawska, die den Gesinnungsfreund Stanisław Kassjusz heiratete: *Es ist dies noch meine Parteifreundin sozusagen von der Schulbank auf. Jetzt hat sie ein furchtbares Unglück gehabt: ihren Mann, einen prächtigen Genossen, verloren, der 10 Jahre seines Lebens in russischen Gefängnissen u(nd) in Sibirien verbracht hat, um sich dann – im Dienste eines Konsumvereins in Halle zu Tode zu arbeiten.*[11] Welch ähnlichen Gefahren Rosa in Warschau ausgesetzt war, ist von Biographen ebenso unterschiedlich wie unnachprüfbar ausgemalt worden. «Nach zwei Jahren Agitation unter den Warschauer Schülern und Studenten», faßt Nettl die verschiedenen Darstellungen zusammen, «drohte Rosa Luxemburg anscheinend die Verhaftung. Sie war noch zu jung und unerfahren, es fehlten ihr die konspirative Beweglichkeit und Verschwiegenheit des wirklichen Revolutionärs. Sie wohnte zu Hause bei den Eltern und arbeitete gleichzeitig offen für ihre revolutionäre Gruppe.»[12] Wie reimte offene Revolutionspropaganda sich jedoch einerseits mit dem von mißgünstigen, aber nicht unglaubwürdigen polnischen Sozialisten ausgegrabenen Faktum, daß sie noch 1893 nicht in dem 400 Namen umfassenden Polizeiverzeichnis politischer Flüchtlinge stand[13], und ande-

Die Zwölfjährige

rerseits mit der in den mannigfachsten Varianten anzutreffenden Versicherung, kein geringerer sei ihr Mentor im Konspirieren gewesen als der Veteran der fast aufgeriebenen «Sozialistisch-Revolutionären Partei Proletariat» und damalige Leiter einer Warschauer Gruppe – als Marcin Kasprzak?

Der erfahrene Kämpe war es offenbar, der Rosa (Ende?) 1888 mit Hilfe eines dazu überredeten Pfarrers, unter dem Stroh eines Bauernwagens verborgen, über die polnisch-deutsche Grenze schmuggelte. Rosa beteuerte dem Geistlichen angeblich, sie wolle aus Überzeugung im Ausland die Taufe annehmen, könne indessen dazu keine Einwilligung der Angehörigen erlangen (und somit kein Reisegeld oder keinen Ausweis? Nach einer Notiz der Züricher Polizei besaß sie einen polnischen Paß vom 15. März 1888!). War das, wie es dargestellt wird, nur ein «frommer Betrug», um «der Bewegung»[14] zu dienen? Oder zog es Rosa tatsächlich zum Christentum hin? Ihre Familie, hören wir, hatte sich schon in der Generation des Großvaters «assimiliert»[15]. Zwei ihrer Geschwister, Józef und Anna, trugen Namen der Christologie, und es gab mehr als eine Märtyrerin namens Rosalie. Eine Broschüre *Kirche und Sozialismus*, die sie 1905 in Krakau unter dem vielsagenden Pseudonym Józef Chmura – auf polnisch «Wolke» – veröffentlichte, wies Rosa als Kennerin des frühen Christentums aus. Ja, Jesus, die Gestalt, die Juden und Christen am stärksten trennt, stand ihr nahe genug, um sich mit *jenem Gott aus Nazareth* zu identifizieren. Unter dem Eindruck der Christusbilder von Hans Thoma und des «Emanuel Quint»-Romans von Gerhart Hauptmann gestand sie, von einem *Problem gepackt* zu sein, das sie aus eigenem Erleben nachempfand: ... *die Tragik des Menschen, der der Menge predigt und fühlt, wie jedes Wort in demselben Augenblick, wo es seinen Mund verläßt, vergröbert und erstarrt und in den Hirnen der Hörer zum Zerrbild wird; und auf dieses Zerrbild seiner selbst wird nun der Prediger festgenagelt und von den Schülern schließlich umringt und mit rohem Lärm umtobt: «Zeige uns das Wunder! Du hast uns so gelehrt. Wo ist Dein Wunder!»[16] Beim dritten *Weihnachten im Kittchen* erstand Rosa *acht Lichtlein*, um mit ihnen, so gut es ging, den *schäbigen* Weihnachtsbaum zu schmücken, den man ihr besorgt hatte. Geschenke, die sie zur Weihnachtszeit machte oder bekam, waren für sie ein *Christkindle* oder *Christkindlein*. Auch *Heilige Familie* und *Vaterunser* behandelte sie in ihrer Korrespondenz als vertraute Begriffe.[17]

Den «Stammesgenossen» warf Rosa bald einen sympathischen, bald einen abweisenden Blick zu. Die Schande, daß im Osten d i e j ü - d i s c h e B e v ö l k e r u n g von jeher *das beliebteste Objekt für die Blitzableiterpolitik* der Machthaber gewesen war, prangerte sie an.

16

Die Gymnasiastin

Sie rühmte das von Korolenko verwertete *trotzige Bekenntnis* jener Juden, die sich einst dem *Joch* der Römer zu beugen weigerten, machte sich jedoch über den Zionismus lustig. *Zionisten errichten schon ihr Palästina-Ghetto, vorläufig in Philadelphia.*[18] Bei der Zufallsbegegnung mit einem *engeren Genossen im Glauben der Vorväter* brach sie ironisch in einen hebräischen Segensspruch aus, stellte *den zum «von Halle» umgetauften Kolonialpatrioten* Professor Ernst Levy antisemitelnd als Konvertiten bloß und bezeichnete den österreichischen Parteigenossen Dr. Victor Adler als *arroganten Juden*[19]. Wo ihr eine jüdische Perspektive zugemutet wurde, wies sie eine derartige Verengung des Blickfelds heftig zurück. Die besonderen Probleme der Juden, erwiderte sie wütend, könnten ihre Aufmerksamkeit ebenso wenig mit Beschlag belegen wie die Kalamitäten der Sozialisten. *Daß Du für nichts Zeit und Sinn hast jetzt, als für «den einen Punkt»*, nämlich die Parteimisere, *ist fatal*, schrieb sie im Februar 1917 der etwas jüngeren, während des Dritten Reichs durch Selbstmord umgekommenen Freundin Mathilde Wurm, *denn solche Einseitigkeit trübt auch das politische Urteil, und vor allem muß man jederzeit als voller Mensch leben. Aber sieh, Mädchen, wenn Du schon so selten dazu kommst, ein Buch in die Hand zu nehmen, dann lies doch wenigstens nur G u t e s, nicht solchen Kitsch, wie den «Spinoza-Roman», den Du mir schicktest. Was willst Du mit den speziellen Judenschmerzen? Mir sind die armen Opfer der Gummiplantagen in Putumayo, die Neger in Afrika, mit deren Körper die Europäer Fangball spielen, ebenso nahe.* Der *unbeachtete Wahnsinnsschrei der Verdurstenden* in einem Kolonialkrieg klang derartig in ihr nach, daß Rosa *keinen Sonderwinkel im Herzen für das Ghetto* besaß: ... *ich fühle mich in der ganzen Welt zu Hause, wo es Wolken und Vögel und Menschentränen gibt* [20]. Dank ihres Elternhauses einer Elite angehörend – nur $3^1/_2$ % der nicht ganz eineinhalb Millionen Juden Polens beherrschten um die Jahrhundertwende das Polnische, 0,5 % das Russische und 0,2 % das Hochdeutsche –, mied sie die jüdisch-deutsche Sprache, den jiddischen «Jargon» der Ghettobevölkerung, den damals 95,8 % sprachen. Bei ihrer Eheschließung noch als israelitisch eingetragen, bezeichnete sie sich zu Ende ihres Lebens als konfessionslos oder Dissident.

Muß hinzugefügt werden, daß die Subkultur, der sie mit oder ohne Gedanken an die Taufe entfloh, bei Rosa dennoch ein paar mehr oder weniger typische Züge hinterließ? Nettl, der mit Recht ablehnte, diese Facette in ein grelles Licht zu halten, führte Beispiele dafür an, «daß sie gelegentlich in den Argumentationsstil eines jüdischen Kleinstadtadvokaten verfiel» [21]. Wichtiger war – und darin kann man wohl ein uraltes jüdisches Erbteil erblicken –, daß Rosa zeitlebens viel Sinn für Rechtsproblematik bezeigte. Das erwies sich schon, als sie nach der Flucht aus Polen in die Schweiz zog. Dort gab es keine zahlenmäßige Beschränkung für jüdische Schüler und Studenten wie im Osten, und dort durften seit langem auch Frauen studieren. Nachdem sie sich im Wintersemester 1890/91 bei der Philosophischen Fakultät in Zürich eingeschrieben und anfänglich sowohl philosophische und sozialwissenschaftliche wie historische und nationalökonomische Vorlesungen belegt hatte, wechselte sie 1892 zur Juristischen Fakultät über und studierte außer Nationalökonomie vor allem Öffentliches Recht. Nach langjährigem Studium –

Rosa als junges Mädchen

unsere Zeittafel detailliert ihre Vorlesungen und Seminare – schloß sie es am 1. Mai 1897 ebenso glanzvoll, nämlich magna cum laude, ab wie vordem ihre Gymnasialklassen, in denen sie laut Levi stets die Jüngste, Kleinste und Erste gewesen war. Allerdings besaß sie in dem Österreicher Julius Wolf auch einen ungewöhnlichen Dozenten und Doktorvater. Kaum hatte dieser sich in Zürich habilitiert, als er – mit 26 Jahren – schon ein Extraordinariat bekam. Im folgenden Jahr war er Ordinarius. Nichts bewies Wolfs Wert besser, als daß er, der schärfste Gegner «der wirtschaftlichen Evolutionstheorie des

[Karl] Marx», «dem begabtesten der Schüler meiner Züricher Jahre, Rosa Luxemburg, die freilich fertig als Marxistin aus Polen und Rußland zu mir gekommen war, die akademischen Steigbügel» hielt. «Sie machte ihren staatswissenschaftlichen Doktor (mit einer trefflichen Arbeit über die industrielle Entwicklung Polens) bei mir, wie auch die Daszynska und der später zu politischen Ehren gekommene Marchlewski.»[22] Ob Rosas Marx-Kenntnisse aus der Heimat mitgebracht oder durch den Kontakt mit den Kolonien deutscher, russischer und polnischer Sozialisten in der Schweiz gewonnen wurden, bleibe zwar dahingestellt. Die «Daszynska» war Zofia Daszyńska, geborene Poznanska. Diese Landsmännin – sie lehrte während Rosas Schulzeit am Warschauer Mädchengymnasium Französisch – ging ihr in dreierlei voraus. Sie doktorierte schon 1891, ließ sich vor ihr in Berlin nieder und arbeitete von da aus zu Anfang des Jahres an den neugegründeten «Sozialistischen Monatsheften»[23] mit, in dem Rosa dort ihren einzigen Artikel publizierte. Julian Balthasar Marchlewski (Kriegsname Karski), der es zum Rektor einer sowjetrussischen Universität bringen sollte, verdankte Rosa offenbar einiges für

Eingangshalle der alten Züricher Universität

seine 1896 in Zürich vorgelegte Doktorarbeit. Anatoli W. Lunatscharski, Volksbildungskommissar der Bolschewiki, sollte sich in seinen «Profilen der Revolution» des faszinierenden Eindrucks der kleinen Polin erinnern. Auch mit Nichtslawen knüpfte Rosa nun Verbindungen an. Im Herbst 1895 wandte sie sich an den aus Sachsen stammenden Pädagogen und Poeten Robert Seidel, damit das von ihm geleitete Züricher Wochenblatt «Arbeiterstimme» für den damals in Deutschland inhaftierten *Gen*(ossen) *Kasprzak* [24] einträte.

Im folgenden März begann ihre Korrespondenz mit Seidels altem Widersacher Kautsky, dem Leiter der «Neuen Zeit» – anfänglich höchst respektvoll und mit der Bitte, das Deutsch des ihm angebotenen Manuskripts zu verbessern. Was die sozialdemokratische «Revue des geistigen und öffentlichen Lebens» darauf über *Neue Strömungen in der polnischen sozialistischen Bewegung in Deutschland und Österreich* von ihr brachte, qualifizierte sie als selbständigen Kenner des Dreigestirns der deutschen Sozialdemokratie, Karl Marx, Friedrich Engels und Ferdinand Lassalle. *An Polen*, räumte sie ein, *war ein ungeheures völkerrechtliches Verbrechen vollzogen worden.* Dennoch forderte sie von den polnischen Sozialisten, daß sie, *die vorhandenen Staatsgrenzen als eine geschichtlich gegebene Tatsache hinnehmend, gänzlich auf die Utopie verzichten, durch die Kräfte des Proletariats einen polnischen Klassenstaat zu errichten* [25]. Nach einem Züricher Wetterleuchten, auf das wir noch zurückkommen, war das für die Polnische Sozialistische Partei (PPS) ein Blitzschlag, zu dem diese sofort den Donner lieferte. «Fräulein Rosa Luxemburg, ein hysterisches und zänkisches Frauenzimmer, hat in der ‹Neuen Zeit› einen Artikel veröffentlicht, in dem es die polnischen Sozialisten eines schrecklichen Verbrechens anschuldigen will, sie will nähmlich beweisen, dass wir glühende Patrioten sind, u[nd] zwar nicht ‹im Sinne der privaten (!!) Vaterlandsliebe› (wie das in Westeuropa sein soll), sondern dass wir den Ehrgeiz haben, Polen wiederherzustellen! Dem Fräulein Rosa Luxemburg, das von allen Leuten in Polen, die Herz u[nd] Kopf auf rechtem Fleck haben, verlassen wurde, gefällt offenbar unser Patriotismus nicht.» So der «Naprzód» [Vorwärts, Parteiorgan der Sozialdemokratie Galiziens] vom 14. Mai 1896 in Rosas eigener Übersetzung. Und dazu dieser Schluß: «Wir bedauern nur, dass eine ernste deutsche Zeitschrift auf den Leim des Fräulein Rosa ging, welches in der Schweiz Leute anschwindelt, als repräsentiere sie irgend Jemand oder Etwas in Polen. Der polnische Sozialismus ist nicht so tief gesunken, dass Fräulein Rosa mit der stillen Compagnie der berdyczower ‹Russen› das Recht hätte, in seinem Namen zu sprechen.» [26] Anführungszeichen und Bezug auf den in der Ukraine gelegenen, von Juden bevölkerten Ort Berdyczew soll-

21

Clausurarbeit für Herrn Prof. J. Wolf
von Rosa Luxemburg

Die Lohnfondstheorie u. die Theorie der industriellen Reservearmee.

Man kann sagen, dass die Nationalökonomische Wissenschaft bis vor Kurzem nur 2 Theorien des Arbeitslohns aufgestellt hat: die Lohnfondstheorie u. die Theorie der industriellen Reservearmee, die erste – ein Produkt der bürgerlichen, die letzte – der sozialistischen Schule. Es soll damit freilich nicht behauptet werden, dass alle Theoretiker der Wirtschaftslehre ohne Ausnahme auf die eine oder die andere dieser Theorien geschworen haben. Es gab auch Schriftsteller, die sich der Lohnfondstheorie durchaus kritisch gegenüber verhielten ohne sich deshalb zu der – zur Zeit noch nicht aufgestellten Theorie der Reservearmee zu bekennen. Andererseits ist in der allerletzten Zeit eine Theorie aufgestellt worden, welche beide genannten Theorien einer eingehenden Kritik unterzieht u. beide als verfehlt betrachtet – wir meinen die Theorie von Prof. J. Wolf, die jüngst von einigen deutschen Nationalökonomen, wie Wenckstern, adoptirt u. wiederholt worden ist. Wenn wir aber von diesem Ergebniss der allerletzten Zeit – auf das wir unten näher einzugehen haben werden – absehen, so lassen sich für die ganze lange Periode von den Anfängen der klassischen Nationalökonomie bis auf unsere Tage nur die zwei genannten Theorien des Arbeitslohns – die Lohnfondstheorie

Klausurarbeit für Prof. Julius Wolf

ten verraten, daß es sich bei Rosas Anhängern nicht um «echte» Russen handelte.

Die hier zum Ausdruck gelangende polnisch-sozialistische Judenfeindlichkeit genügt für den Außenstehenden beinahe, um zu begreifen, warum Rosa den *Sozialismus in Polen* – unter diesem Titel schrieb sie 1897 ihren sehr detaillierten Beitrag für die Oktober-

Nummer der «Sozialistischen Monatshefte» – nicht mit der Sorge um Polens Wiederherstellung befaßt sehen mochte. Ihre Doktorarbeit wurde die wissenschaftliche Untermauerung der zeitlebens von ihr vertretenen Nationalitäten- bzw. Polen-These. *Blickt man tiefer in die Verhältnisse hinein*, faßte sie hier die der Zusammenschließung der polnischen Teilstücke entgegenstehenden Wirtschaftsbedingungen zusammen, *so muß man zu dem Schlusse gelangen, daß Polen in ökonomischer Beziehung nicht nur keine Absonderung von*

Einreichung der Dissertation, 12. März 1897

Zürich, /2. März 1897.

An das titl.Dekanat der hohen

    staatswissenschaftlichen Fakultät

        der Universität Zürich

               Z ü r i c h.

Hochgeehrter Herr Dekan!

            Ich erlaube mir Ihnen hiemit, gestützt auf die beiligende Dissertation über die

      Industrielle Entwicklung Polens"

die ergebene Bitte vorzulegen, mich zur Prüfung behufs Erlangung der Würde eines Doct.jur.publ. et rer.cam. zulassen zu wollen.

      Gleichzeitig ersuche ich ergebenst, meine Prüfung, wenn irgend möglich, auf die zweite Hälfte des Monats April festzusetzen, da ich durch Familienverhältnisse gezwungen bin, Zürich Ende April zu verlassen.

      Genehmigen Sie, hochgeehrter Herr Dekan, den Ausdruck meiner

        Hochachtungsvollen Ergebenheit

        Rosa Luxemburg

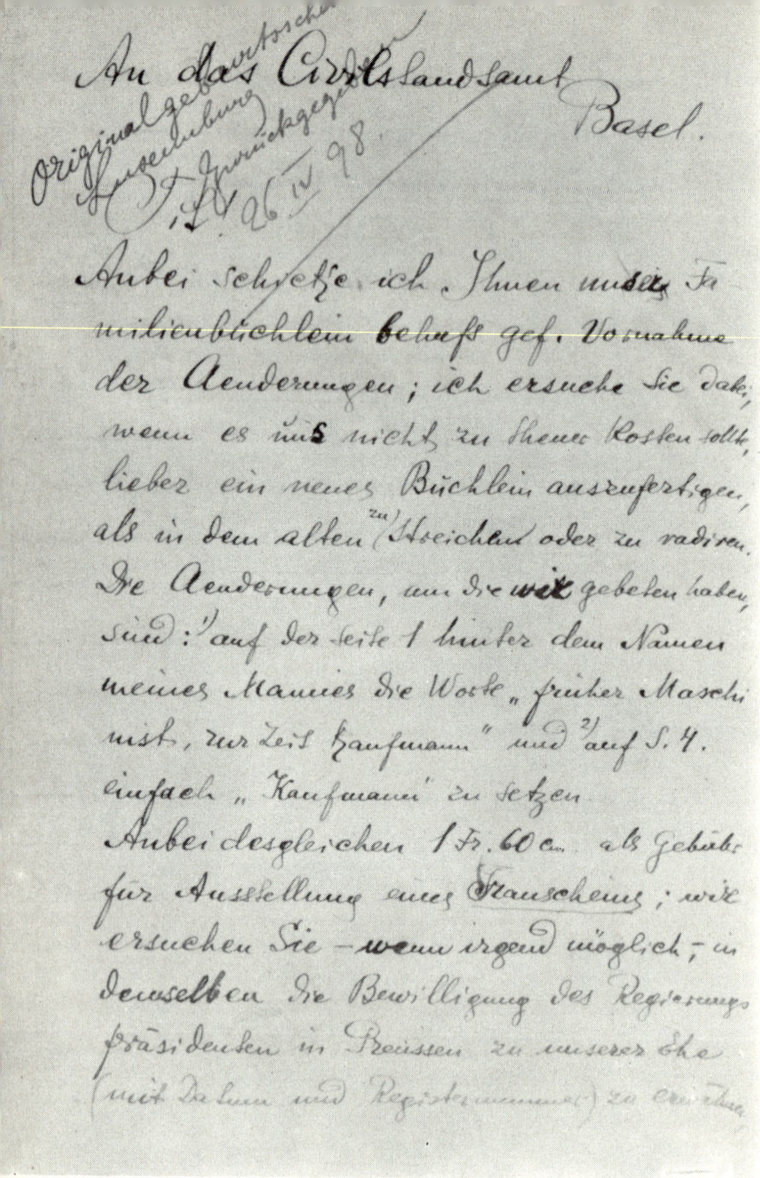

An das Civilstandsamt
Basel.

Original ... zurückgegeben 26 IV 98.

Anbei schicke ich Ihnen unser Familienbüchlein behufs gef. Vornahme der Aenderungen; ich ersuche Sie dabei, wenn es uns nicht zu theuer kosten sollte, lieber ein neues Büchlein auszufertigen, als in dem alten zu streichen oder zu radiren. Die Aenderungen, um die wir gebeten haben, sind: 1) auf der Seite 1 hinter dem Namen meines Mannes die Worte „früher Maschinist, zur Zeit Kaufmann" und 2) auf S. 4. einfach „Kaufmann" zu setzen.
Anbei desgleichen 1 Fr. 60 c. als Gebühr für Ausstellung eines Trauscheins; wir ersuchen Sie – wenn irgend möglich – in demselben die Bewilligung des Regierungspräsidenten in Preussen zu unserer Ehe (mit Datum und Registernummer) zu erwähnen

Rosas Gesuch um Änderungen im Familienbuch

*Einwilligung von Olympia Lübeck zur Ehe ihres
Sohnes mit Rosa*

Rußland bevorsteht, sondern daß die aus der allgemeinen inneren
Natur der großkapitalistischen Produktion selbst sich ergebenden
Tendenzen es vielmehr ökonomisch mit jedem Jahr stärker an Ruß
land fesseln.[27] In die Sprache des Politikers übersetzt, hieß das unter anderem: *Die Sozialisten Preußisch-Polens*, die 1893 aus der Sozialdemokratischen Partei Deutschlands ausschieden, *um sich zu einer
besonderen «Polnisch-Sozialistischen Partei» zu vereinigen*[28], muß-
ten in die SPD zurückkehren. Diese Theorie war, von der Warte der
Geschichte aus gesehen, das Trojanische Pferd, mit dem die tatsäch-

lich recht isolierte polnische Emigrantin in die machtvollste Arbeiter-
organisation ihrer Zeit eindringen konnte.

Wie ließen die deutschen Grenzmauern sich aber zu dem Zweck
einreißen? Ein Ausländer durfte im kaiserlichen Deutschland (wie
Rosa selbst vor der Erlangung ihres Heimatscheins erfahren sollte)
nicht öffentlich auftreten, ja nicht einmal gewisse Briefe und Zeitun-
gen empfangen. Um diese Hürde zu umgehen, wurde eine Heirats-
list ersonnen, die an odysseischem Einfallsreichtum der ersten Ein-
reise im Strohwagen an nichts nachgab. Ratgeber und Helfer bzw.
Trauzeuge wurde in diesem Fall der anscheinend selbst in die jün-
gere Rosa verliebte, doch längst verheiratete Seidel, während eine
ebenfalls ältere polnische Freundin Rosas, Olympia Lübeck geb. La-
da, den Bräutigam besorgt zu haben scheint. Sie war die Witwe des
obskuren sozialistischen Schriftstellers Karl Wilhelm Eduard Lübeck,
dem Rosa als Sekretärin zur Hand gegangen war, wofür er ihr seinen Bücherschrank zur Verfügung stellte. Mehr noch. «Gustav, der
dritte Sohn des alten Lübeck», verzeichnete Kautsky schmunzelnd in
seinen Memoiren, «wurde dazu auserkoren, als Rosas Gatte zu figu-
rieren. Ihn gelüstete keineswegs nach dieser Ehre, er wehrte sich dagegen, aber bei aller Bohemewirtschaft war Frau Olympia eine stren-
ge Mutter, und keines ihrer Kinder wagte, ihrer Autorität zu wider-
sprechen. So wurde Gustav bewogen, das Röslein nicht stehenzulas-
sen, sondern ihm ergeben zum Standesamt zu folgen.»[29] Dieses
Kind war bei der Verehelichung fast 24 Jahre alt, ein als Tagelöhner
beschäftigter Schreinereimaschinist – Rosa beantragte vergeblich
seine Familienbucheintragung als *Kaufmann*[30], konfessionslos und
(worauf es ankam) preußischer Staatsangehöriger, obschon in Flun-
tern (Zürich) geboren.

In Basel hatte Lübeck nur vorübergehend gewohnt, zuletzt vom
24. Dezember 1897 bis zum 28. Januar 1898, an welchem Tag er
zwei Polizeiberichten zufolge fortzog. Zur Trauung vermerkte die
Baseler Polizei: «Laut Bericht von Polizeimann Fr. Dürr ist Lübeck
mit der Frau nach Albisrieden (Zürich).»[31] Das klingt wahrschein-
licher als die oft gebrauchte Wendung von der Trennung «auf der
Schwelle des Standesamtes»[32]. Sicher ist allerdings nur, daß Lübeck
sich hinfort «stets als unverheiratet (ledig) gemeldet»[33] hat. Dabei
wurde er erst nach fünf Jahren geschieden. Der Ärmste sollte dann
die Schuld für die Zerstörung einer Ehe auf sich nehmen, die er offensichtlich niemals führte. Rosa, die nach ihrer Promotion in Weggis (Luzern) logierte, wo die Eheverkündigung aushing, wollte dann
Seidel wie vordem als Ehe- so nun als Scheidungsvermittler benut-
zen. *Ich kann ihm* (Gustav) *diese wichtigen Papiere nicht anvertrau-
en*, meinte sie. Und: *Was die Fragen des Rechtsanwalts betrifft, so*

26

Eheschein des Brautpaars Gustav und Rosa Lübeck

ist Alles schon erledigt, ich schreibe auch an G(ustav), *was er ant-worten soll.* An die *freudige Nachricht* [34] von der gerichtlichen Tren-nung brauchte man aber einstweilen nicht zu denken. Was jetzt zähl-te, war, daß Rosa einen Monat nach der Scheinheirat, am 16. Mai 1898, unbehelligt in Deutschlands Hauptstadt eintraf.

Robert Seidel

HECHT IM SOZIALDEMOKRATISCHEN KARPFENTEICH

Nun also finden wir *Ruscha* – diese Namensform adoptiert sie bezeichnenderweise fern der Züricher Slawenkolonie – *in der grossen Stadt Berlin mit 2½ Mill(ionen) Einwohnern*[35]. Trifft sie hier das Glück, dem sie von Polen in die Schweiz und von der Schweiz nach Deutschland nachgereist ist? Es sieht kaum so aus, hat man die Zeilen vor Augen, die sie wenige Wochen nach ihrer Ankunft an Seidel und dessen Frau Mathilde richtet. *Auf Schritt u*(nd) *Tritt*, klagt sie ihnen, *fehlt mir jetzt die wohltuende Gemütlichkeit u*(nd) *die Kultur der Schweiz. Und auch die Reinlichkeit! Na, ich weiss nicht, woher das Märchen von den reinlichen deutschen Hausfrauen stammt; ich habe hier noch keine einzige gesehen.*[36] Selbst nachdem sie im Frühjahr 1899 aus einer vorläufigen Unterkunft und dem Zimmer *in der Cuxhavenerstraße No 2, Gartenhaus I ... unmittelbar am*

Tiergarten fort und in die angenehmere südwestliche Gegend gezogen ist, wo die Kautskys wohnen, beschwert sie sich noch über die Nachteile des neuen Wohnorts. Sie sitze in Berlin-Friedenau *feste*, jammert sie, und müsse schon um halb vier nachmittags die Lampe zum Briefschreiben anzünden – *so eine Dunkelheit herrscht hier in Berlin im Winter. Ihr habt davon in Zürich, in diesem heiteren gottbegnadeten Zürich keine Ahnung. Und Sie wissen, l(iebe) Mathilde, wie ich gerade immer nach Sonnenschein lechze. Dazu habe ich auch noch ein Verandazimmer mit einem Erker, so dass bei mir stets Dämmerung herrscht.*[37] Die Sehnsucht nach dem Aufgegebenen meldet sich abermals, als Rosa nach einiger Zeit von Seidel Material zur Sozialgeschichte der Schweiz erbittet. *Es ergeht mir damit wie mit den Sehenswürdigkeiten der Schweiz, die ich erst jetzt, von Deutschland aus, kennen lerne, u(nd) mit den Sehenswürdigkeiten meiner Heimath, die ich nie kennen lernen werde, weil ich nicht mehr nach der Heimath zurückkehren darf u(nd) um die ich mich nie kümmerte, solange ich dort lebte.*[38]

Was der jungen Frau anfangs stärker fehlt als schweizerische Gemütlichkeit, Sauberkeit und Naturschönheiten, ist der Mann, dem sie noch eher und mehr nach Zürich schreibt als den beiden Seidels, und das gelegentlich mit der Unterschrift: *die liebende Gattin Rosa*[39]. Selbstverständlich ist diese Zärtlichkeit nicht an den Gatten Gustav adressiert. Der Empfänger ihrer Ergüsse und Küsse ist ein aus dem litauischen Wilna (Vilnius) gekommener Landsmann – Leo (Löw) Jogiches, für Nettl «die beherrschende Gestalt in Rosa Luxemburgs Leben», ein Revolutionär von Format, aber auch «von herrschsüchtiger Eifersucht erfüllt und zudem etwas wie ein Sadist»[40]. Leo ist ungefähr ebenso früh nach Zürich gegangen wie Rosa, allerdings auf weniger bequeme Art. Man sagt wenigstens, er sei seiner Heimat (und dem ihm dort drohenden Militärdienst) als unsichtbare Wagenfracht entflohen – unter einer Lehmschicht. Bald darauf sind die beiden ein Liebespaar und politische Partner geworden. Leo, der damals den Decknamen Grosovski führt, hat die Finanzmittel für die Zeitschrift «Sprawa Robotnicza» [Sache der Arbeiter] geliefert, die im Juli 1893 in Paris zu erscheinen begonnen hat und deren Chefredakteur ab Nr. 3/4 eine gewisse R. Kruszyńska wird. Das, wie wir erraten, ist eines der mannigfachen Pseudonyme Rosas. Um ihr Blatt hat sich rasch eine kleine Splittergruppe gebildet, die Socjaldemokracja Królestwa Polskiego [Sozialdemokratie des Königreichs Polen oder SDKP]. Zu ihrem Kern gehören außer Rosa und Leo der 1892 nach einjähriger Haft aus Warschau in Zürich eingetroffene Marchlewski und Adolf Warszawski (mit Parteinamen Warski), hauptsächlich als Agitator bewährt. In dem Strom von

29

Mitteilungen, den Rosa nach ihrem Fortgang aus Zürich an Leo los-
läßt – bis 1994 wurden insgesamt 948 ihrer Briefe und Karten an ihn
ediert –, bekommt der Historiker einen biographischen Schatz von
unerschöpflichem Reichtum.

Rosa berichtet Leo über alles. Von ihrer Zimmersuche und dem
vermutlichen Eindruck, den sie auf gutbürgerliche Wirtinnen machen würde, bis zum Ablauf ihres Tagesprogramms einschließlich
Diät, Körperpflege, Budget und Lektüre. Von ihren Flirts und Zän-
kereien bis zu ihrem physischen und psychosomatischen Befinden.
Von ihrem ersten Auftreten in Versammlungen (*ich sprach mit solcher
Anteilnahme, daß der ganze Saal vor Erregung bebte und manche
Frauen weinten*) bis zu ihren Taten auf Parteitagen. Von ihren Be-
fürchtungen, Hoffnungen, Idealen, Plänen, ihrem wachsenden politischen und literarischen Ehrgeiz. Von ihrer Meinung über die verschiedenen sozialistischen Führer, deren vertrauliche Eröffnungen
und deren Veröffentlichungen. Aber auch von gemeinsam mit Leo
verbrachten Ferien in Weggis, Blonay, Lugano usw. Mitunter kommt
es zu kleinen Auftritten zwischen den Liebenden – wegen eines Jak-
ketts, das sie ohne seine Mitwirkung kauft, oder wegen der Behandlung anderer Politiker, zu denen er sich für ihr Gefühl allzu
schroff verhält: *Alles zu kritisieren, auf alles zu schimpfen, hat keinen Sinn, wenn man von sich aus nichts Besseres tun kann.*[41] Auch
Rosa ersehnt sich von ihm zuweilen weniger Kälte, soviel Gedanken
für ihre Arbeit er ihr auch liefern mag. *Schreibe wenigstens über
Dich etwas mehr*, schmollt sie, *aber Du verschreibst ganze Briefe mit
Geschäftlichem!!*[42] Von den in gedruckter Übersetzung vorhandenen Briefen lese man vor allem den am 6. März 1899 an Leo geschriebenen, «eines der ergreifendsten persönlichen Dokumente, die
wir von ihr besitzen»[43]. Tausendmal küßt sie hier denjenigen, der
ihr während ihrer Tätigkeit stets gegenwärtig ist, und zwar wegen
eines Briefs, in dem er sich mit ihr zufrieden erklärt. Sechsmal hat
sie diesen Brief gelesen, und hundertmal versichert sie, die nationalökonomischen Schriften lesen zu können, die er ihr als Geschenk ankündigt. Das einzige, was sie noch dazuhaben möchte, ist, daß sie
offen als Mann und Frau zusammen leben.

Auch ein Kind will sie von ihm, ein Wunsch, den er als Berufs-
revolutionär anscheinend für unerfüllbar erklärt. *Und vielleicht noch
ein kleines, ganz kleines Baby? Werde ich nie eins haben dürfen?
Nie?*[44] Dieses natürliche Verlangen macht verständlich, warum sie
einmal scherzhaft «allen Kautskys» *sanft errötend* bekennt, *was
sich nicht lange vor der Welt verbergen lässt: Ich habe einen kleinen
Familienzuwachs – Puck ist bei mir für die Ferien;* und weshalb sie
als stolze und besorgte Besitzerin der Katze Mimi Luise wiederholt

Leo Jogiches

versichert, *dass ich u*(nd) *mein Kind auf Dich warten.* Tiere, Pflanzen und *die geliebten Buben* [45] Luises, Felix, Karl und Bendel (Benedikt), müssen die eigenen Kinder ersetzen. Das familiäre, Leo mit allen Einzelheiten geschilderte Idyll bleibt dagegen im wesentlichen ein Traum. *Wir wollen versuchen, uns nie mehr zu streiten, nicht wahr? Es muß bei uns ruhig und friedlich sein wie bei anderen Menschen,* heißt es in jenen Zeilen vom März und anschließend: *Eines macht mir Sorgen, ich fühle mich schon ziemlich alt und häßlich, Du wirst keine schöne Frau haben, mit der Du im Tiergarten spazieren gehst.*

*Rosa mit Luise Kautsky,
Sommer 1905
(Postkarte)*

– *Von den Deutschen werden wir uns fernhalten... Dziodzio* [Liebster], *wenn Du 1. endlich das Bürgerrecht hast, 2. das Doktorat, 3. wenn Du mit mir legal zusammen wohnst, werden wir b e i d e zusammen arbeiten, das wäre ideal!! Kein anderes Paar auf der Welt hat solche Voraussetzungen, um glücklich zu sein wie wir.*[46] Doch Leo folgt dem Ruf ihrer Liebe (und seiner Eifersucht auf ihre Erfolge?) in einer weniger idealen Form. Im Herbst 1898 sind sie heimlich kurz in Dresden zusammen. Im Frühjahr 1899 erwirbt er in Zürich das Bürgerrecht. Vom Sommer 1900 bis Ende 1901 ist er in Berlin, wohin er nach einem Algerien-Aufenthalt im März 1902 zurückkehrt. Von legalem Zusammenleben ist jedoch keine Rede, obwohl Leo zu Rosa in die Cranachstraße zieht.

Luise, die in jenen Tagen Rosa fast täglich bei sich sieht, erwähnt wohl (im Vorwort zu dem von ihr besorgten Briefwechsel), daß neben Warszawski und Marchlewski auch Leo Tyschko – eine andere Tarnung von Jogiches – «meteorartig» bei ihr auftaucht. Über seine Beziehungen zu Rosa sagt sie aber nur, es handle sich um ein «ganz besonderes Verhältnis». Sie habe nie gewagt, hierüber mit ihr zu

sprechen. «Und nichts hat vielleicht unsere Freundschaft so fest ge-
kittet, als der Umstand, daß ich niemals Fragen an sie stellte, sondern sie gewähren ließ, ohne je ihrem Kommen und Gehen oder ihren Gefühlen nachzuspüren. Denn bei all ihrer Munterkeit, Mitteil-
samkeit und scheinbaren Offenheit war sie doch eigentlich eine ver-
schlossene Natur, liebte sie es doch, ihr Leben ganz für sich zu leben und nicht von zudringlicher Neugier verfolgt zu werden. Sie
umgab sich gerne mit einem dichten Schleier von Heimlichkeit, der
sie vor Späherblicken schützen sollte, und ein wenig Verschwörer-
romantik war ihr unentbehrlich, sollte ihr das Leben nicht allzu platt
und ‹kleinbürgerlich› vorkommen.»[47] Daß die intime Freundschaft
einer verheirateten mit einer unverheirateten Frau noch inniger wird,
wenn erstere die Herzenswünsche der letzteren nicht nur stillschwei-
gend respektiert, sondern auch verwirklichen hilft, liegt in dem Moment offenbar jenseits von Luises Erfahrungsbereich.

Eines Tages wird Leo auf Rosas Anweisung hin zu Weihnachten
ein *wunderschönes* William Turner-Bildchen zugeschickt bekommen,
das er prompt retournieren wird, weil es «Vandalismus» sei, das

Blatt nicht in seiner Sammelmappe zu lassen. Jetzt stehen die beiden Frauen, was Leo und die Liebe angeht, einander nahe genug, so daß es in dieser Hinsicht zwischen ihnen keine Geheimnisse mehr gibt. *Echter Leo, nicht wahr?* amüsiert sich Rosa. *Ich war wütend, denn ich halte es auch hier mit Goethe:*

> «Hätt' ich irgend wohl Bedenken –
> Balch, Bokhara, Samarkand, –
> süsses Liebchen, dir zu schenken
> dieser Städte Rausch und Tand?
> Aber frage Du den Kaiser,
> Ob er dir die Städte gibt?
> Er ist mächtiger u(nd) weiser,
> Doch er weiss nicht, wie man liebt...»

Leo sei weder Kaiser noch weiser, aber er wisse auch nicht, wie man liebt, schilt Rosa weiter. *Wir Beide wissen's aber, nicht wahr, Lulu? Und wenn mir nächstens einfällt, ein paar Sterne herunterzuholen, um sie Jemand als Manchettenknöpfe zu verschenken, so soll mir kein kalter Pedant mit gehobenem Finger wehren, dass ich sämtliche Schulatlanten der Astronomie in Verwirrung bringe.*[48] Als das geschrieben wird, sind schon zehn Jahre vergangen, seitdem Leo durch einen Seitensprung sein «ganz besonderes Verhältnis» zu Rosa verspielt hat.

Auch für Rosa bleibt im Anfang noch mancherlei zu lernen. Eine erste «schreckliche Entdeckung» für sie ist (in Luises zwei Jahrzehnte danach niedergeschriebener Erinnerung): *Karl Kautskys Frau trägt eine Schürze!!* Kaum sind aber einige Wochen vergangen, und der Neuankömmling hat den äußeren Unterschied zwischen einer ost- und einer mitteleuropäischen Sozialistin begriffen und bekennt selbst (nach der gleichen Quelle): *Im Hause Kautsky sind alle meine Bedürfnisse gedeckt.*[49] Was das im einzelnen heißt, wird in der Korrespondenz wie in Luises Vorwort hierzu mit vielfältigen Beispielen ausbuchstabiert. «Mit dem pater familias trieb sie Politik, mit mir trieb sie alles, was das Leben verschön, mit den drei Jungens trieb sie die tollste Allotria, und mit unserem braven Hausgeist Zenzi trieb sie ganz ehrpusselig hausfraulich die – Kochkunst, wobei sie sogar hie und da – eine Schürze nicht verschmähte.»[50]

Und was denkt Rosa sonst über ihr neues Leben? *In Berlin geht es mir gut, dh. ich arbeite sehr viel, fast die ganze Zeit, schreibe, lerne und halte hie und da öffentliche Vorträge,* hören die Züricher Freunde von ihr in einem Neujahrsgruß um die Jahrhundertwende. Danach: *Ich verkehre hier, dh. in Friedenau bei Berlin, wo ich woh-*

34

ne, meistens nur mit Kautsky's, die meine Nachbarn sind, hie und da auch mit (August) Bebel, (Franz) Mehring, (Arthur) Stadthagen etc. Und schließlich, etwas elegisch: Überhaupt sitze ich am liebsten zu Hause an meinem Arbeitstisch, im stillen warmen Zimmer, bei der hellen Lampe mit rothem Schirm und lese. Ich fürchte, dass ich je weiter je mehr die menschliche Gesellschaft entbehren kann und mich ganz in mich selbst verkrieche. Ich weiss, dass dies nicht normal ist, aber ich weiss nicht – ich habe immer in mir selbst so viel Stoff zum Nachdenken und Durchleben, dass ich nie die Leere fühle.[51] Im Licht diverser ähnlicher Zeugnisse ist Rosa am liebsten allein, zieht sie häufig der Wirklichkeit der Mitwelt die Phantasie vor.

Warum sie am menschenfreundlichsten ist, wenn sie niemand sieht, läßt sich nur vermuten. Einerseits ist es sicher ihre Umgebung, die ihr nicht behagt. Berlin, spottet sie, ist eine sehr angenehme Stadt, selbst bei der grössten Hitze – wenn man sie nämlich gar nicht sieht, wie ich.[52] Die Preußen sind ihrer fehlenden Liebenswürdigkeit wegen für sie des brutes [Rohlinge]. Berlin u(nd) Preussen, faßt sie die Idiosynkrasien zusammen, kann ich nicht leiden.[53] Und noch allgemeiner: Ich hasse Berlin und die Schwaben [d. h. die Deutschen] aus ganzer Seele, es soll sie der Schlag treffen.[54] Sodann spielt die Sensibilität ihrer Künstlernatur wohl mit hinein, die auch an sympathischeren Örtlichkeiten unter den Unbilden des Alltags leiden müßte. Schon ein schrill gepfiffener Gassenhauer beleidigt ihr Ohr. Mit dem bei Künstlern natürlichen Mangel an Sinn für das Praktische hängt ihre ganz besondere Sympathie für Leute zusammen, die kein Talent besitzen, sich das praktische Leben einzurichten, Geld zu verdienen etc. (vielleicht, weil ich es selbst nicht für einen Deut verstehe)[55]. Der Hauptgrund für Rosas Menschenscheuheit dürfte indessen ihre äußere Erscheinung und namentlich ihr durch eine «angeborene doppelseitige Hüftgelenkverrenkung»[56] verunzierter Gang sein. Wie sehr sie sich ihrer Kleinheit bewußt ist, beweist, daß ihr «dienstbarer Geist» stets «groß» sein muß. Die Besucher sollen nicht glauben, «sie seien in ein Zwergenheim geraten»[57].

Das unverkennbare Ziel ihrer räumlichen Flucht vor den Menschen ist deren geistige Eroberung. Immer wieder führt sie ihren Korrespondenten vor Augen, wie eifrig sie darum bemüht ist. Sie steht um 6 auf, nimmt 2 Mal täglich kalte Bäder und arbeitet, dass die Spähne fliegen[58]. Die Arbeit, ruft sie aus, die tüchtige, intensive Arbeit, die Einen ganz in Anspruch nimmt mit Hirn u(nd) Nerven, ist doch der grösste Genuss im Leben. Ein andermal wird notiert: In der letzten Zeit lebte ich geistig (innerlich) äusserst rege, ich hatte viel neuen Stoff zu verarbeiten, u(nd) wuchs jede Stunde mehr, als in Zürich in den alten ruhigen Verhältnissen in einem Jahr.[59] Dieses Arbeiten ist in erster Linie ein sozialpolitisches. Auch dafür gibt es eine Erklärung. Sie wirkt um so überzeugender, als Rosa sie uns selbst suggeriert. Wir meinen den Passus zum «Korolenko» über angeborene Krüppelhaftigkeit und ihre Behandlung in der Literatur und der Malerei. *Das soziale Element, die Solidarität mit dem Massenleid, geht er, ist hier das Rettende und Lichtspendende für den Einzelnen wie für die Allgemeinheit.*[60] Identifiziere Dich mit den Leidenden und mildere schon dadurch ihre Schmerzen wie Deine eigenen!

Rosas erste deutsche Sozialmission gilt der Gewinnung bzw. Wiedergewinnung von polnischen Arbeitern für die SPD. Eine harte und langwierige Aufgabe! Als *Halbasien* degradiert die Missionarin die Gegend, die sie wiederholt zur Parteitagsdelegiertin bestimmen wird. Es ist der oberschlesische Industriebezirk an *der Grenze der Civilisation und der Barbarei*[61], wo zwei Magnaten 41 % der Gesamtanbaufläche besitzen. Ganz ähnlich drückt sich – von Rosa inspiriert? – bei einer ihrer folgenden Kampagnen Warszawski dem «teueren Genossen Kautsky» gegenüber aus. «Unsere Rosa ist in die Wüste gegangen – nach Posen und steckt in schwerster Arbeit bei sehr schlechter Gesundheit.»[62] Dort sei «keine Spur von moderner Kultur – lauter Klerikalismus und Feodalismus», und alles müsse «von ABC an» angefangen werden. Welche Erfolge Rosa hat, geht wohl schon daraus hervor, daß sie nicht allein im Oktober 1898 – bloße fünf Monate, nachdem sie in Deutschland angekommen ist! – bereits auf dem Stuttgarter Parteitag der SPD Delegiertin für das oberschlesische Neustadt und Beuthen-Tarnowitz (Tarnowskie) wird, sondern auch im folgenden Oktober am Hannoverschen Parteitag teilnehmen darf, dieses Mal für Ratibor und Reuß ältere Linie. Es ist also sicher mehr als Selbstlob, wenn sie Kautsky meldet: *Mit meinem Aufenthalt hier sind meine hiesigen Landsleute sehr zufrieden und ich nicht minder, die Reise war sehr nützlich; ein polnisches Wort wirkt doch ganz anders, als das fremde, deutsche . . . Die hiesigen Genossen machten mir gestern in ihrer naiven Weise das Geständnis, dass sie sich mich ganz anders vorgestellt hätten: dick und gross! . . . Sie sind sehr Gefühlsmenschen, wie alle Polen, und der persönliche Kontakt ist wichtig.*[63]

Ungemein selbstsicher – derartiger Auszeichnungen oder ihrer inneren Verletzlichkeit wegen? –, greift sie, deren Deutsch noch den außerhalb Deutschlands Geborenen erkennen läßt, gleich auf dem ersten Parteikongreß zweimal und beim zweiten ein halbes dutzendmal in die Debatten ein. Und das nicht etwa bloß in polnischen Angelegenheiten, sondern in den brennendsten Fragen der innerdeutschen Parteistrategie und -taktik. Ihr am ersten Verhandlungstag gesprochener erster Satz moniert mit atemberaubender Kühnheit (um den naheliegenden derberen Ausdruck zu vermeiden), *daß sich in unserer Partei ein äußerst wichtiger Punkt verdunkelt hat, nämlich das Verständnis von der Beziehung zwischen unserem Endziel und dem alltäglichen Kampfe*[64]. Kein Wort des Danks zuvor, daß die deutschen Genossen der Ex-Polin erst ihre Tribüne verschafft haben! Kein Scherz darüber, daß sie – in einer Gesamtzahl von 252 – auch insofern nur eine winzige Minderheit verkörpert, als sie eine der sechs weiblichen und einer der sechs mit akademischen Graden versehenen Delegierten ist! Noch schwerwiegender als das, denken wir an Eduard Bernsteins Enthüllungen über antijüdische Gefühle bei bestimmten Parteiführern (in seinem Briefwechsel mit Friedrich Engels): sie teilt vielleicht nur mit einem guten Dutzend Kongreßteilnehmern die Herkunft aus dem Judentum. Wie sollte da ihr Frontalangriff auf die aus vielerlei Gründen in der Sozialdemokratie aufblühende unrevolutionäre Einstellung nicht auf Widerstand stoßen?

Als sie am zweiten Verhandlungstag die inzwischen auf sie unternommenen Gegenangriffe abzuwehren bemüht ist, wird sogleich ein abermaliger, Widerspruch hervorrufender Vorstoß daraus. *Daß ich noch meine Epauletten in der deutschen Bewegung erst holen muß, weiß ich, ich will es aber auf dem linken Flügel tun, wo man mit dem Feinde kämpfen, und nicht auf dem rechten, wo man mit dem Feinde kompromisseln will.* Bringt einer ihrer Kritiker gegen ihre *sachlichen Ausführungen* das Argument vor: *Du Gelbschnabel, ich könnte ja Dein Großvater sein, so ist das für mich ein Beweis, daß er mit seinen logischen Gründen auf dem letzten Loche pfeift.*[65] Der Zurechtgewiesene, Georg Edler und Ritter von Vollmar auf Veltheim, päpstlicher Exsöldner, Schwerkriegsversehrter von anno 70/71 und zugleich einer der Hauptschöpfer der bayerischen Sozialdemokratie, würgt Rosas Radikalismus mit einem Satz ab, in dem die Weimarer Republik und ihr Versagen vorhergesehen zu sein scheinen. «Ich sage im Gegensatz zu Fräulein Luxemburg: es könnte der deutschen Sozialdemokratie garnichts Unglückseligeres passieren, als daß wir vorzeitig in die Lage kämen, die politische Macht zu übernehmen, denn wir würden nicht befähigt sein, sie ersprießlich zu gebrauchen und sie festzuhalten.»[66] Auch im folgenden Jahr stößt der ehedem selbst radikale, dann Bernsteins «Revisionismus» vorwegnehmende Bayer mit Rosa hart zusammen. Es gelingt ihr dennoch, einen zur Bekämpfung der süddeutschen «Revisionisten» bestimmten Antrag durchzubringen, demzufolge «die Taktik der Sozialdemokratie bei den Landtagswahlen» auf die Tagesordnung des Parteitags von 1900 gesetzt wird.

In der Hauptsache bekümmert Rosa sich aber in den nächsten Jahren auf den Parteitagen – 1900 in Mainz als Vertreterin der Wahl-

37

kreise Posen (Poznań), Neustadt, Beuthen-Tarnowitz; 1901 in Lübeck wiederum für Posen; 1902 in München für die Stadt Rawitsch (Rawicz); 1903 in Dresden für Bromberg (Bydgoszcz), Szarnikau, Kolmar (Chodzież), Filehne und Posen – um die rund dreieinhalb Millionen Polen in Deutschland, von denen allein 80 000 im rheinisch-westfälischen Industriebezirk beschäftigt sind. Sie protestiert gegen die Unterdrückung der polnischen Sprache (seitens des preußischen Kultusministeriums) *bis in den Religionsunterricht in der polnischen Schule* [67]. Sie bekämpft die rivalisierende sozialistische Polen-Gruppe – manchmal mit Mitteln, die gegen sie selbst verwandt werden. *Beruhigen Sie sich,* ruft sie den deutschen Genossen zu, *es ist nur eine Handvoll Krakehler, eine sogenannte Partei, die bequem auf einem Sofa Platz nehmen könnte.* [68] Sie protegiert ihren ehemaligen Beschützer Kasprzak, indem sie ihn trotz aller gegen ihn geschleuderten Anschuldigungen zum Reichstagskandidaten der SPD macht. Und für diese tritt sie, ungeachtet ihrer Kritik an den Mängeln der Partei, als bewußte Polin ein. *Ich würde die Sozialdemokratie beleidigen, wollte ich des längeren anführen, daß nur sie in ganz Deutschland der wirkliche Hort, die Verteidigung und der Schutz des unterdrückten polnischen Volkes ist.* [69]

Daß Rosas parteiliches Auftreten öfters befremdet, enthüllen die Protokolle der Verhandlungen. 3. Oktober 1898, A. Fendrich (6. Badischer Wahlkreis): «Sie ist gewissermaßen mit der Anmaßung, etwas Neues zu sagen, vor uns hingetreten, und hat uns mit Gemeinplätzen gedient.» [70] 12. Oktober 1899, Karl Frohme (Hamburg): «Eine ganze Menge von dem, was uns Frau Luxemburg und andere erzählt haben, war höchst überflüssig.» [71] 17. September 1900, Georg Haase (Kattowitz-Zabrze): «Aus Russisch-Polen ist sie ja seit 1888 fort, da schadet sie niemand mehr.» [72] 23. September 1901, Biniszkiewicz (Posen): «Auf das Kouplet der Genossin Luxemburg will ich nicht eingehen; ich würde mich beleidigen, wollte ich auf ein solch menschenfresserisches Gerede antworten.» [73] 16. September 1902, Georg Ledebour (MdR): «Frau Luxemburg hat mit der Empfehlung des Friedens geschlossen, aber vorher hat sie alles getan, um die polnischen Sozialdemokraten aufzubringen.» [74] Derselbe am 16. September 1903: «Ich bin fest überzeugt, daß das Scheitern der Einigung nur auf die Genossin Luxemburg zurückzuführen ist.» [75] Sind derartige Verurteilungen ganz ungerechtfertigt?

Man zögert, die Frage zu bejahen, wenn man aus den Protokollen erfährt, wie sie den nichtpolnischen Polen-Spezialisten als *Ledebourski* [76] lächerlich macht und ihm, weil er des Polnischen nicht mächtig sei, geradezu das Recht zur Beteiligung an der Aussprache abstreitet. Nicht anders ergeht es eines nationalökonomischen Kennt-

38

nismangels wegen dem Diskussionsgegner in einer Zolltarifdebatte. Unser Verdacht, daß sie manchmal unnötigerweise böses Blut macht, verstärkt sich beim Heranziehen einer Aufsatzreihe, die Rosa 1898 bis 1899 in der «Leipziger Volkszeitung» bzw. im Jahrgang 1899 bis 1900 der «Neuen Zeit» veröffentlicht. Sie erscheint unter dem Titel *Sozialreform oder Revolution?* ebenfalls als Broschüre. Maximilian Harden gehört zu den ersten, die daran die Klaue des Löwen erkennen. Er fordert Rosa – erfolglos – zur Mitarbeit an der von ihm herausgegebenen «Zukunft» auf. Jahrzehnte später werden Frölich und Nettl untersuchen, was die Beiträge ideengeschichtlich wert sind. Letzterer wird dann feststellen, daß sie von «talmudistischen Spitzfindigkeiten in hegelianischem Gewand»[77] strotzen. Rosas Hauptbeitrag zu den *Marxischen*[78] Theorien ist hier wohl – eine frühe Frucht des Zeitalters der Psychologie – die Betonung des dialektischen Zusammenhangs von Klassenbewußtsein und Klassenkampf. Das Proletariat kann *erst im Feuer langer und hartnäckiger Kämpfe den erforderlichen Grad der politischen Reife erreichen ... der es zur endgültigen großen Umwälzung befähigen wird*[79]. Doch – in welchem Ton Bernstein, gegen dessen reformfreundliche Veröffentlichungen Rosa sich in erster Reihe wendet, seiner *vulgärökonomischen Schnitzer* halber und unter Anspielung auf Deutschlands frühesten Kommunisten, Wilhelm Weitling, als *ein Schneider ... aber kein genialer*[80] verhöhnt wird! Wer nur Rosas Schrift läse, vermöchte schwerlich zu begreifen, wie der nämliche Bernstein, als sie noch ein kleines Mädchen war, in Zürich unter Engels' schriftlicher Anleitung mit Mut und Geschick das illegale Wochenblatt der unter dem Ausnahmezustand schmachtenden SPD geleitet hat.

Ein Stück für sich ist, was Kautsky, d e r Parteitheoretiker, Anfang Oktober 1901 von ihr zu lesen bekommt. Vor fünfeinhalb Jahren hat Rosa ihm *hochachtungsvollst*[81] ihre Dienste angeboten. Jetzt fällt sie sofort mit der Tür ins Haus. *Lieber Karl! Selbstverständlich verzichte ich auf die Veröffentlichung meiner Erklärung in der Neuen Zeit.* Nicht ganz so unvermittelt die bisher erst leicht verstümmelt bekanntgewordene Abkanzlung. *Erlauben Sie mir nun Ihnen einige Worte der Erklärung dazu hinzuzufügen. Gehörte ich zu denen, die ihre eigenen Rechte und Interessen rücksichtslos wahrten – und diese sunt Legio [sind Legion] in unserer Partei, oder vielmehr: so sind Alle bei uns – dann würde ich selbstverständlich auf der Veröffentlichung bestehen, denn Sie geben ja selbst zu, dass Sie als Redacteur eine Verpflichtung mir gegenüber in diesem Falle haben. Aber indem Sie mir diese Verpflichtung zugeben, stellen Sie mir gleichzeitig die Pistole freundschaftlicher Ermahnungen und Bitten an die Brust, dass ich von dieser Ihrer Verpflichtung und von mei-*

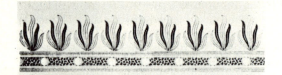

nem Recht keinen Gebrauch mache. Nun, mich widert es an, mein Recht wahrzunehmen, wenn man mir es unter solchem Stöhnen und Zähneklappern gewähren will, wenn man mir zugleich nicht blos bei jedem Wort der Abwehr in den Arm fällt und mich vorher bindet, damit ich mich so «verteidige», sondern mich noch nach alledem in jeder Weise breitzuschlagen sucht, um mich zur Verzichtleistung auf mein Recht zu bewegen. Sie haben erreicht, was Sie wollten – ich entbinde Sie in diesem Falle Ihrer Verpflichtung mir gegenüber. Absatz. Anschließend ein Vortrag darüber, wie Kautsky hätte reagieren sollen.

Aber, so beginnt der zweite Teil ihrer Standpauke, *Sie begehen allem Anschein nach dabei noch den Irrtum, dass Sie in allem Ernst glauben, in diesem Falle nur aus Freundschaft und in m e i n e m Interesse so gehandelt zu haben. Gestatten Sie mir, Ihnen diese Selbst-*

täuschung zu zerstören. Als Freund hätten Sie mir ungefähr Folgendes sagen müssen: «Ich rate Ihnen unbedingt und um jeden Preis zum Schutze Ihrer schriftstellerischen Ehre aufzutreten, denn grössere Schriftsteller und Männer von durch Jahrzehnte begründetem Ruf, wie Marx u(nd) Engels, schrieben ganze Broschüren, führten einen ganzen Federkrieg, wenn ihnen irgend Jemand die kleinste «Fälschung» vorzuwerfen wagte. Um so mehr müssen Sie in solchem Falle peinlich ins Gericht gehen, weil Sie eine junge und sehr angefeindete Schriftstellerin sind». So hätten Sie sicher als F r e u n d sagen müssen.

Ein neuer Absatz. *Der Freund ließ sich aber ganz vom Redacteur der Neuen Zeit beherrschen, und dieser will seit dem Parteitag überhaupt nur Eins: er will seine Ruhe haben, er will zeigen, dass die Neue Zeit nach den erhaltenen Prügeln artig geworden ist und Maul hält. Und deshalb mag auch ein gutes Recht des Mitarbeiters der Neuen Zeit auf die Wahrung seiner wichtigsten Interessen, sein Recht auf die Verteidigung gegen öffentliche Verleumdungen geopfert werden. Mag auch jemand der für die N(eue) Z(eit) – nicht am wenigsten und nicht am schlechtesten – arbeitet, die öffentliche Anschuldigung der F ä l s c h u n g verschlucken, damit nur in allen Wipfeln Ruh' herrscht.*

Und abermals ein Absatz – zum Atemholen im Anakoluth. *So liegt die Sache, mein Freund! Und nun mit herzlichem Gruss Ihre Rosa.*[82]

Sogar mit Bebel, dessen Macht als politisch begabtester SPD-Führer sie unverkennbar achtet und fördert und der (nach Luises Aussage) seinerseits Rosa in Ruhe gelassen wissen will, weil er den jungen Hecht im Karpfenteich der Partei zu schätzen versteht, sogar mit ihm wird sie es zuletzt verderben. Ein Psychologe kann das wohl schon in dem Moment vorhersagen, als sie während des Lübecker Parteitags – Ende September 1901 – frühmorgens im Hotel in Bebels Schuhe einen anonymen Zettel steckt: *Aujust, ick liebe Dir*[83]. Ein harmloser Spaß, gewiß, und Bebel, von Jugend an zu Streichen aufgelegt, wird darüber lachen. Aber ist der berlinisch formulierte Schabernack das Geeignete für einen Mann, der es, im Gegensatz zu dem Dr. juris publici et rerum cameralium Luxemburg, nur bis zum Abschluß der Volksschule gebracht hat?

Es wundert uns jedenfalls wenig, daß Rosa ihre erste Anstellung – noch kurz vor dem Parteikongreß von 1898 wird sie wegen der Ausweisung einiger ausländischer Genossen in Dresden zur Chefredakteurin der «Sächsischen Arbeiter-Zeitung» ernannt – nur einen einzigen Monat behält. Zwei Monate dauert im Winter 1901 ihre gemeinsame Redaktionsführung bei der «Leipziger Volkszeitung» mit hinaus und hatten den augenscheinlichen Zweck, die litterarischen und politischen Qualifikationen der partei-politischen Richtung, die u. A. auch ich vertrete, zu verdächtigen.

Der Abg. R. Fischer-Berlin hat nach dem Vorwärts-Bericht u. A. gesagt: „Man kann eine Auffassung vertreten in aller Schärfe, aber man darf die Meinungen der Genossen nicht fälschen und blos in der Absicht, geistreich zu sein, zu rabulieren, zu unterschieben und zu fälschen, so zu operieren, wie es die Genossin Luxemburg in der Millerandfrage und in ganz klassischer Weise in der letzten Nummer der „Neuen Zeit" gethan hat".

Ich fordere hiermit den Abg. R. Fischer öffentlich auf, den Wahrheitsbeweis für seine Behauptungen anzutreten und namentlich diejenigen Stellen meiner Artikel über die Millerandfrage wie über die badische Budgetabstimmung namhaft zu machen, wo ich „gefälscht" und „unterschoben" haben soll.

Falls er dieser Aufforderung nicht Folge leistet, werde ich mich gezwungen sehen, ihn mit dem in solchen Fällen gebräuchlichen Namen zu bezeichnen.

Berlin-Friedenau 1. X. 01.   Rosa Luxemburg.

Die unterdrückte Erklärung gegen den Berliner Abgeordneten Richard Fischer, 1. Oktober 1901

Karl Kautsky. Propagandakarte der russischen Sozialdemokraten. Rosa dazu: «Die Krawatte mit den wimmelnden weißen Bohnen ... ist ein Scheidungsgrund.» (Zwickau 1904)

Franz Mehring, bis dieser ihr an Bildung Gleichstehende Kautsky seine Meinung von der «Dame Luxemburg» anvertraut. Bis er behauptet, daß «die ganze Kombination an ihrer maßlosen Herrschsucht und namentlich an ihrer schmutzigen Habgier gescheitert ist»[84]. Der erste dieser beiden Mißerfolge hat für Rosas Privatleben ein unerfreuliches Nachspiel. Ihre Wirtin wird, wie Rosa ihrem inoffiziellen Berliner Rechtsanwalt Stadthagen mitteilt, von einem zweifelhaften Individuum darüber vage informiert. Sie selbst unterrichtet vage genug Seidel davon, daß das *Menschliche* in ihr zum *Krach* [85] geführt und sie deprimiert habe. Später wird sie die Beschwerde vorbringen, daß sie, seitdem sie in der deutschen Partei sei, *unaufhörlich, namentlich im Süden, in gemeinster Weise persönlich beschimpft werde* [86]. Zum Ausgleich dafür soll die alte Heimat ihr bald Gelegenheit zu revolutionären Triumphen bieten.

DIE GLÜCKLICHSTEN MONATE

«Am Donnerstag, 28. Dezember 1905 hatte die ganze Familie Kautsky Rosa das Geleite auf den Friedrichsbahnhof gegeben, wo wir uns schweren Herzens von ihr verabschiedeten, als sie fröhlich, als ginge es zum Tanz, *zur Arbeit* fuhr. Jeder wollte ihr noch etwas Liebes erweisen: die Granny hing ihr einen blauen Lodenmantel um, den sie stets sehr bewundert hatte, Karl deckte sie mit seinem großen warmen Plaid zu, damit sie nicht friere, ich hing ihr meine Uhr um den Hals, da sie geklagt hatte, sie müsse in die Revolution gehen, ohne genau zu wissen, *wieviel es geschlagen* habe. Sie selbst besaß nur ein elendes Ührchen, das steter Reparatur bedurfte, und an der meinigen hatte sie, wie auch an vielen anderen mir gehörenden Dingen, deshalb besondere Freude, weil meine Initialen aus der Mädchenzeit die ihrigen waren (Luise Ronsperger – also R. L.).»[87] Mit dieser Rückschau leitet Luise Kautsky eine 40 Seiten füllende Sammlung der Karten und Briefe aus Rosas polnischem Revolutionsfeldzug ein. Auf allerlei Umwegen versuchte diese, nach Warschau zu gelangen. Direkte Züge gab es nicht infolge Streiks. Und: *Auf Pferdewagen keine Hoffnung wegen Schabes!*[88] An jenem Wochenende war fast ein Jahr vergangen, seitdem in Rußland die Revolution ausgebrochen war. Warum zögerte Rosa so lange? Kam der russischpolnische Wirbelwind für sie wirklich «völlig unerwartet»[89]? Hatte ihr Lehrmeister Engels sich nicht zuletzt vor über einem Jahrzehnt mit der Perspektive einer sozialistischen Umwälzung in Rußland beschäftigt? Hatte sie selbst nicht nach Engels' Hinscheiden Rußlands Herren gewarnt: *In seinem Schoße vollzieht sich jetzt ein gewaltiger Umwälzungsprozeß, der dem Absolutismus bald über den Kopf gewachsen sein wird, und versteht dieser nicht rechtzeitig Konzessionen zu machen, so droht ihm die Gefahr,* «wie ein Hühnerstall vom Erdbeben» *umgestürzt zu werden*[90]?

Im «Iskra» [Funken], dem russischen sozialdemokratischen Parteiorgan, hatte Rosa, *auf dessen Aufforderung,* am 10. Juli 1904 (nach dem alten russischen Kalender) ihre Studie *Organisationsfragen der russischen Sozialdemokratie* publiziert. Hier hatte sie – in Worten, deren prophetische Kraft erst die Nachwelt würdigen sollte – Wladimir Iljitsch Lenins Organisationsprinzipien ihre eigenen entgegengestellt. *Doppelt gewagt scheint ein solches Experiment gerade im gegebenen Moment für die russische Sozialdemokratie zu sein,* so hatte sie die Zentralisationsvorschläge des bolschewistischen Parteiflügels zurückgewiesen. Und dann: *Sie steht am Vorabend großer revolutionärer Kämpfe um die Niederwerfung des Absolutismus, vor oder vielmehr in einer Periode intensivster, schöpferischer Akti-*

45

*vität auf dem Gebiet der Taktik und – was in revolutionären Epo-
chen selbstverständlich ist – fieberhafter sprungweiser Erweiterun-
gen und Verschiebungen ihrer Einflußsphäre.* Im Schlußteil des auch
von der «Neuen Zeit» gebrachten Aufsatzes wurde das Heranna-
hen der besprochenen Vorgänge nochmals verkündet. *Vergessen wir
nicht, daß die Revolution, an deren Vorabend wir in Rußland stehen,
nicht eine proletarische, sondern eine bürgerliche Revolution ist!*[91]
Rosas Zögern hatte somit einen anderen Grund als mangelnde Vor-
aussicht. Hieß er nicht – Deutschland?

Im selben Monat, als ihre Attacke gegen Lenin erschien, hatte
Rosa sich in der deutschen Arbeiterbewegung ihre Schultersterne verdient. Sie war zu drei Monaten Gefängnis verurteilt worden, weil
sie Kaiser Wilhelm II. mit der Bemerkung beleidigt haben sollte:
*Der Mann, der von der guten und gesicherten Existenz der deut-
schen Arbeiter spricht, hat keine Ahnung von den Tatsachen.*[92] Diese
Feuertaufe hatte sie bestanden. *Seid ohne Sorge um mich, mir geht
es sehr gut: Luft, Sonne, Bücher u*(nd) *menschliche Liebenswürdigkeit umgeben mich,* hatte sie die *geliebte Luigina* vom Zwickauer
Amtsgerichtsgefängnis aus getröstet, statt nach Mitleid zu fischen.
Leo, der als angebliche Hausgenossin Leonie Post von ihr empfing,
hatte sie aus ihrer kahlen Strafanstalt den Rat erteilt: ... *sobald der
Mensch sich im Leben einmal recht arm vorkommt, soll er sich nur
hinsetzen und ein «Inventar» seiner irdischen Güter aufnehmen,
alsdann wird er erst entdecken, wie reich er ist*[93]. Auch Karl hatte
sie Trost zugerufen. Trost und Tadel. *Deshalb ärgerte es mich, dass
Du mich um meine Zelle beneidest! Dass Du Kurt* (Eisner), *Georg*
(Gradnauer)*. & Co. gründlich auf den sog*(enannten) *Kopf schlagen
wirst, zweifle ich nicht, aber Du musst es mit Lust u*(nd) *Freude thun,
nicht wie ein lästiges Intermezzo, denn das Publikum fühlt die Stimmung des Kämpfenden immer heraus, u*(nd) *die Freude am Gefecht
giebt der Polemik einen hellen Klang u*(nd) *eine moralische Überle-
genheit.* Die Berliner Genossen Arthur Stadthagen und Paul Singer
hatten ebenfalls ihr Teil abbekommen und waren durch den Zusatz
«Leben» – leb'n soll er! – noch dazu als Juden verulkt worden. *Arthur Leben mit Paule Leben sind «elegisch», wie Du schreibst. Dass
sie doch das Donnerwetter sieben Klafter tief in den Erdboden ver-
schlägt, wenn sie nach einem solchen Kongress «elegisch» sein können – zwischen zwei Schlachten, wo man sich des Lebens freut! Karl,
die jetzige «Rauferei» ist doch nicht das erzwungene Scharmützel in
grauer Atmosphäre der Interesselosigkeit, wie Du derer so viele hast
in den letzten Jahren ausfechten müssen, jetzt ist das Interesse der
Masse wieder rege, ich fühle es hier durch die Mauer und zwar ver-
giss nicht, auch die Internationale schaut jetzt gespannt auf uns, ich*

wollte sagen auf Euch ... Ich schreibe Dir das Alles, nicht um Dich «aufzuputschen», ich bin nicht so abgeschmackt, sondern um Dir Freude an Deiner Polemik zu machen, wenigstens Dir meine Freude zu übermitteln, da ich mit dieser Ware hier in N. 7 nicht viel anfangen kann.[94] So hatte sie in einem gezürnt und gejubelt.

Vergeblich hätte allerdings ein Teilnehmer an der zweiten Schlacht, dem im September in Bremen tagenden Sozialdemokratischen Parteikongreß, nach Hinweisen auf Rosas Zurufe durchs Zellenfester gesucht. Daß der ehrwürdige Singer aus Krankheitsgründen abwesend war, erfuhr man, und auch, daß das Strafregister des Klassenkampfs im Berichtsjahr insgesamt 43 Jahre, 2 Monate Gefängnis und 21552 Mark (Goldmark!) Geldstrafen enthielt. Von Rosa nichts! «Sie hatte ihre Strafe zum größten Teil abgesessen», erzählt Frölich, «als der sächsische König Albert starb und auch ihr die Gunst der allgemeinen Amnestie zuteil wurde. Sie wollte auf keinen Fall die gastliche Zelle verlassen und war empört, daß man ihr, der Republikanerin, zumutete, sich von einem König etwas schenken zu lassen. Schließlich mußte sie dem sanften Zwang weichen und den Marsch in die Freiheit antreten. Es war drei Monate, bevor der erste große Sturm auf das Völkergefängnis des russischen Absolutismus begann.»[95]

Aus der Sicht der Zeitgeschichte resümierte Rosa (in der 1906 zu Hamburg erschienenen Schrift *Massenstreik, Partei und Gewerkschaften*), was sie nur unvollkommen von Deutschland aus beobachten konnte. *Im Dezember 1904 bricht auf dem Boden der Arbeitslosigkeit der grandiose Generalstreik in Baku aus. Die Arbeiterklasse ist wieder auf dem Kampfplatz. Als das Reden verboten wurde und verstummte, begann wieder das Handeln. In Baku herrschte während einiger Wochen mitten im Generalstreik die Sozialdemokratie als unumschränkte Herrin der Lage, und die eigenartigen Ereignisse des Dezembers im Kaukasus hätten ein ungeheures Aufsehen erregt, wenn sie nicht so rapid von der steigenden Woge der Revolution übertroffen worden wären, die sie selbst aufgepeitscht hatten. Noch waren die phantastischen, unklaren Nachrichten von dem Generalstreik in Baku nicht in alle Enden des Zarenreichs gelangt, als im Januar 1905 der Massenstreik in Petersburg ausbrach ... Gemeinsame Beratungen und stürmische Diskussionen führten zur Ausarbeitung jener proletarischen Charte der bürgerlichen Freiheiten mit dem Achtstundentag an der Spitze, womit am 22. Januar 200 000 Arbeiter, von dem Priester Gapon geführt, vor das Zarenschloß zogen.*[96] Das unter den Demonstranten angerichtete Blutbad und seine revolutionären Folgen sind allgemein bekannt, wenn auch nicht unbedingt mit den Einzelheiten aus Rosas Broschüre.

Warum also hat Rosa nicht von Anfang an, oder wenigstens von Mitte August an, als sie – rekonvaleszierend und gewiß auch rekognoszierend – zwei Wochen bei der Jugendfreundin Jadwiga Warszawska in und nahe der galizisch-polnischen Grenzstadt Krakau (Kraków) zugebracht hat, bei den Revolutionskämpfen persönlich mitgemacht? Doch wohl deshalb, weil schon am 17. Januar 1905 (nach dem gregorianischen Kalender) weit über 200 000 Ruhrbergarbeiter die Arbeit niederlegten und die Berufsrevolutionäre hofften, mit diesem Funken den europäischen Brand anfachen zu können, ohne den nach der Marx–Engelsschen Auffassung eine russische Revolution keine Aussicht hatte. Vielleicht aber auch, weil Rosa als freie Mitarbeiterin vom ersten Tag d e s r u s s i s c h e n J a h r e s an – so taufte sie es dort – im «Vorwärts», dem Zentralorgan der SPD, über die russischen Ereignisse berichten und damit deren Image formen konnte und weil sie als Vertreterin von Posen und Bromberg auf dem Jenaer Parteitag vom Herbst des Jahres *der glorreichen russischen Revolution* [97] eine weitere Schlüsselposition einnahm. Sechs Wochen darauf erklomm sie den Gipfel ihres Einflusses in Deutschland. «Am 1. November 1905 trat Rosa Luxemburg als Hauptmitarbeiterin in die Redaktion des ‹Vorwärts› ein», schildert Frölich den Sieg im vierten Band der von ihm bearbeiteten und eingeleiteten, doch leider Torso gebliebenen gesammelten Werke Rosas, «Parteivorstand und Pressekommission setzten sie, [Heinrich] Cunow, Stadthagen, [Heinrich] Ströbel und [Wilhelm] Düwell an Stelle der Eisner, [Heinrich] Wetzker, [Georg] Gradnauer, [Julius] Kaliski, [P.] Büttner und [Wilhelm] Schröder in die Redaktion ein. Dem Konflikt lag die reformistische Haltung der alten ‹Vorwärts›-Redaktion in der Frage der russischen Revolution und des Massenstreiks, überhaupt ihre unmarxistische, ‹ethisch-ästhetische› Auffassung vom Klassenkampf zugrunde ... Über die neue Redaktion schrieb Rosa Luxemburg an Leo Jogiches: *Die Redaktion wird aus schlechten, dafür aber ‹koscheren› Federn bestehen. Seit die Welt besteht, ist dies das erste Experiment mit einer durchweg radikalen Kabinetsbildung im ‹Vorwärts›. Da gilt es zu zeigen, daß die Linke regierungsfähig ist.*» [98] Wenige Tage danach wußte sie schon, daß in der deutschen Partei noch keine regierungsfähige Linke aufzutreiben war. *Die Redakteure sind nicht besser als träge Ochsen.* [99] Nach knapp einem Monat wurde die Rußland-Berichterstattung verzweifelt aufgegeben, wie vordem der Leipziger und davor der Dresdner Redaktionsstuhl.

Eine Woche vorher aber rechnete Rosa mit denen ab, die sie nicht ihrer Trägheit, sondern ihrer Aggressivität wegen aufregten. Schon dem Jenaer Parteitag hatte sie einen Artikel des Gewerkschaftsfüh-

48

rers Otto Hue aus der «Bergarbeiter-Zeitung» vorgelesen, in dem unter unverkennbarem Bezug auf sie hinsichtlich der russischen Arbeiterkämpfe die Frage abgewandelt wurde: «Weshalb eilen insbesondere die aus Rußland oder Polen stammenden, jetzt in Deutschland, Frankreich und der Schweiz ‹revolutionäre› Artikel schreibenden Theoretiker nicht auf den Kampfplatz?»[100] Hue wiederholte diese Vorwürfe gegen die «bevorzugte Leitartiklerin» – «Frau Rosa Luxemburg!!! Diese Dame hat sich seit Jahren bemerkbar gemacht durch Mißkreditierung der Gewerkschaftsarbeit und der Gewerkschaftsführer»[101]. In ihrer fraglos allzu scharfen Antwort hob Rosa eines hervor, das gar nicht deutlich genug gesagt werden konnte: ... *daß die freie und offene Kritik, der lebhafte Meinungsaustausch, das rege geistige Leben geradezu die Existenzbedingungen, die Lebensluft für die moderne Arbeiterbewegung sind, sowohl für ihren ökonomischen wie für ihren politischen Teil.* Am Ende ihrer Erwiderung schien sich die Abwendung von einem Land anzumelden, für dessen barbarisches Residuum sie von Anfang an Haß empfand und dessen Kultur sie bewundernd erwarb. *Es ist geradezu rührend, zu sehen,* spöttelte sie, *mit welchem Fleiß und Eifer aus verschiedensten Winkeln jetzt Holzscheite zum Scheiterhaufen für die Redakteure des «Vorwärts» von allerlei geschäftigen Weibern herbeigeschleppt werden. Persönlich betrachten wir sie bei diesen edlen Bemühungen mit unerschütterlicher Heiterkeit und nehmen von ihnen Abschied mit einer Goetheschen* «zahmen» Xenie.

Wir haben Dir Klatsch und Geklatsche gemacht,
Wie schief!
Wir haben Dich recht in die Patsche gebracht,
Wie tief!
Wir lachen Dich aus!
Nun hilf dir heraus!
Ade.

– Und red' ich dagegen, so wird nur der Klatsch
Verschlimmert.
Mein liebliches Leben, im nichtigen Patsch,
Verkümmern
Schon bin ich heraus;
Ich mach' mir nichts draus.
Ade.[102]

Es beginnt ein neues, erregendes Schauspiel. Hauptorte der Handlung – nach einem Schnitzelschmaus in Thorn (Toruń) – sind das revolutionäre Warschau, das Polizeigefängnis im dortigen Rathaus, das Pawiak-Gefängnis und der Pavillon X in der Festung am Weichselufer, dann abermals die Stadt Warschau und zuletzt das finnische, heute sowjetrussische Kuokkala, von wo aus man Abstecher nach St. Petersburg machen und von da «Freunde» empfangen kann. Nur zwei Monate – Januar und Februar 1906 – hält die neugewonnene Freiheit an, und volle vier Monate Haft, vom 4. März bis 8. Juli, sind der dafür zu zahlende Preis. Noch einen Monat erfordert die Regelung der Weiterreise. Drei Wochen später geht der letzte Kartengruß vom Rückzugsgefecht aus Finnland ab. Die Hauptrollen in diesem Stück spielen drei Personen. Rosa Luxemburg, Anna Matschke und Felicja Budilowitsch. Nur Eingeweihte wissen, daß alle drei ein und dieselbe sind.

Diese vorsorglich mit dem Paß der unbekannten Anna versehene Person ist es, der es acht kostbare Wochen lang gelingt, unerkannt

in Warschau zu wirken. Am Freitagabend ist Rosa-Anna in ihrer Vermummung hier angelangt *in einem von Militär geführten, ungeheizten u(nd) unbeleuchteten Zug, der vor Furcht vor «Überraschungen» im Tempo der Granny ging.* Auch hier umgibt Rosa – bei grimmiger Kälte – die gedrückte Atmosphäre revolutionärer Schwüle. *Die Stadt ist wie ausgestorben, Generalstreik, Soldaten auf Schritt u(nd) Tritt.*[103] Bald zucken rechts und links von ihr Blitze, und was auf der Linken geschieht, findet Rosa begeisternd. *Liebste, hier ist es sehr schön,* meldet sie Luise zu Beginn des neuen Jahres. *Jeden Tag werden 2–3 Personen in der Stadt von Soldaten erstochen, Verhaftungen kommen täglich vor, sonst ist es aber sehr lustig. Trotz Kriegszustand geben wir unseren (Czerwony) Sztandar [Rote Fahne] t ä g l i c h heraus u(nd) er wird auf den Strassen verkauft.* Allerdings: *Jetzt muss man den Druck des Sztandar täglich mit Revolvern in der Hand in den bürg(erlichen) Druckereien erzwingen.*[104]

Karte an Karl und Luise Kautsky aus Illowo in Ostpreußen, 29. Dezember 1905

Es ist die künftige Manier der Spartakisten, und sie erfreut sich bei bedrohten Polen keiner stärkeren Beliebtheit als später bei den Deutschen. *Wir hatten nämlich gestern von morgen ab «Pech»*, schildert Rosa die Reaktion auf ihre Aktion. *Haussuchung in der Druckerei, Verhaftungen, die Dr(uckerei) wurde verriegelt. Schliesslich ist Alles ziemlich glücklich abgelaufen. Niemand ist verunglückt. Und heute bereits ist eine neue Druckerei so gut wie gekapert, so dass ich mich gleich hinsetzen muss, um einen Art(ikel) zum 22. zu schreiben.*[105] Aus der indirekten Erwähnung des Petersburger Blutsonntags läßt sich ablesen, daß die undatierte Mitteilung um den 20. Januar niedergeschrieben wird. Anfang Februar verzeichnet die revolutionäre Publizistin wiederum *ungeheure Schwierigkeiten mit den Druckereien, tägliche Verhaftungen u(nd) die Bedrohung der Festgenommenen mit Erschiessung.* Rosa fühlt sich jedoch nur beschwingt durch die Tapferkeit der Kameraden, die sie auflachend mit deren deutschen Klassenbrüdern vergleicht. *Dabei entwickelt sich aber ein stiller Heroismus und ein Klassengefühl der Massen, die ich den lieben Deutschen gern zeigen möchte*, schreibt sie den *Allerliebsten* und spezifiziert: *Die Arbeiter treffen allenthalben von selbst solche Arrangements, dass zB. die Beschäftigten ständig einen Tageslohn in der Woche für die Arbeitslosen abgeben.*[106] Es ist wie ein unfreundliches deutsches Echo hierauf, wenn sich im gleichen Monat in einer Berliner Geheimkonferenz der Gewerkschaften «die Redner gegenseitig überschrien in der Hetze gegen die Revolutionsromantiker im allgemeinen und Rosa Luxemburg im besonderen»[107].

Und doch braucht Rosa die Deutschen. Ohne deren Mitwirkung ist die einzigartige Funktion undenkbar, zu der sie durch die stetige Fernsucht und die Beherrschung dreier Kulturen prädisponiert ist. Schon am 11. Januar informiert sie die Kautskys, daß sie *in einigen Wochen* nach St. Petersburg fahren werde. Dort soll die Wiedervereinigung der beiden Hälften der russischen Sozialdemokratie, der bolschewistischen und der menschewistischen, vor sich gehen. *Anfang Februar haben die beiden Fraktionen den ersten gemeinsamen konstituierenden Parteitag.* Um ihren Einfluß in der russischen Partei zu steigern, kehrt Rosa jetzt das Manöver um, das sie vor einem Jahrzehnt als Expertin in polnischen Dingen in die deutsche Partei eingeschleust hat. *Da keiner von Deutschland unter sothanen Umständen nach Pet(ersburg) fahren wird u(nd) keiner russisch kann, so könnte der Vorstand vielleicht auf mich zugleich die Vertretung Deutschlands übertragen. Ich bin ja sowieso dort, so dass auch kei-*

Karte an das Ehepaar Kautsky aus Warschau,
eingetroffen am 2. Januar 1906

Meine Liebsten! Gestern 9 Uhr Abends bin ich glücklich gekommen in einem von Militär geführten, ungeheizten u. unbeleuchteten Zug, der vor Furcht vor "Ueberraschungen" im Tempo der Tramy ging. Die Stadt ist wie ausgestorben. Generalstreik, Soldaten auf Schritt u. Tritt. Die Arbeit geht glatt, heute beginne ich. Viele herzl. Grüsse Dyr...

Beste Grüsse mit Erinnerung an Friedenau. Geschwister

Herzliche Grüsse von Anna.

Herzliche Grüsse. Schwägerin Eugenia

Grüsse für Felix, Karl, Bendel von Bruders Tochter Rosa.

Sonnabend

Rosa als Gefangene in Warschau

ne Kosten dem Vorstand daraus erwachsen würden. Dergestalt wird die Transaktion, als gebe es hierbei nur materielle Faktoren, den deutschen *Vätern* schmackhaft gemacht, werden die polnischen, russischen und persönlichen Interessen Rosas geschickt in den Hintergrund geschoben. *Wenn Du das, Karlchen, für richtig hältst, so sprich Du mit den Vätern darüber, denn ich mag selbst nicht; Sie sollen nicht denken, dass mir persönlich daran etwas liegt.*[108]

Die saubere politische Rechnung hat nur den Fehler, daß sie ohne den Wirt der polnischen Gegenrevolution gemacht wird. «Bei einer Razzia im Hause einer Gräfin Walewska wurden zwei Verdächtige aus den Betten geholt, die sich als deutsche Journalisten ausgaben und Papiere auf die Namen Anna Matschke und Otto Engelmann vorwiesen, in denen die Polizei jedoch polnische Revolutionäre vermutete.»[109] Wir wissen, wer sich hinter der «verunglückten» Matschke verbirgt und ahnen, daß Engelmann ein Mann mit dem Parteinamen Jan Tyszka (oder Tyschko) ist, also Rosas «Mann» Leo. Die Sozialdemokratie des Königreichs Polen und Litauens (SDKPiL), wie die SDKP sich nach dem Anschluß einer litauischen Branche nennt und die mit rund 30 000 Mitgliedern im Winter 1906 keine Splittergruppe der PPS mehr ist, sondern eine Kampftruppe aus Handwerkern, Proletariern und Intellektuellen, wird Anfang März durch diesen Fang ihrer fähigsten Köpfe beraubt. Neun Tage dauert es, bis die erste Meldung die Berliner erreicht. *Am Sonntag d. 4. Abends hat mich das Schicksal ereilt: ich bin verhaftet worden. Ich hatte bereits meinen Pass zur Rückreise visirt u(nd) war auf dem Sprung zu fahren.* Und nun folgen einander die Beschreibungen aus dem Inferno des Kerkers. *Hier sitze ich im Rathaus, wo «Politische», Gemeine u(nd) Geisteskranke zusammen gepfercht sind. Meine Zelle, die ein Kleinod in dieser Garnitur ist, (eine gewöhnliche Einzelzelle für 1 Person in normalen Zeiten) enthält 14 Gäste, zum Glück lauter Politische. Thür an Thür mit uns noch 2 grosse Doppelzellen, in jeder ca. 30 Personen, alle durcheinander. Dies sind schon, wie man mir erzählt, paradiesische Zustände, früher sassen 60 zusammen in einer Zelle u(nd) schliefen schichtweise je paar Stunden in der Nacht, während die Anderen «spazierten». Jetzt schlafen wir Alle wie die Könige auf Bretterlagern, querüber, nebeneinander wie Heringe und es geht ganz gut, insofern nicht eine Extramusik hinzukommt, wie gestern zB., wo wir eine neue Kollegin — eine tobsüchtige Jüdin bekommen hatten, die uns 24 Stunden lang mit ihrem Geschrei u(nd) ihrem Laufen in allen Zellen in Athem hielt u(nd) eine Reihe Politische zum Weinkrampf brachte. Heute sind wir sie endlich los u(nd) haben nur 3 ruhige «Myschugene» bei uns. Spaziergänge im Hof kennt man hier überhaupt nicht, dafür sind die Zellen tagsüber offen u(nd) man darf den ganzen Tag im Korridor spazieren, um sich unter den Prostituierten zu tummeln, ihre schönen Liedchen u(nd) Sprüche zu hören u(nd) die Düfte aus dem gleichfalls breit offenen* ‑oo‑> *zu geniessen. Dies Alles jedoch nur zur Charakteristik der Verhältnisse, nicht (zu) meiner Stimmung, die wie immer vorzüglich ist.*[110]

Auch von denen, die ihre Schilderungen lesen, erwartet Rosa: *Seid munter u(nd) frölich, sonst bin ich Euch ernstlich böse. Was zählt ist, daß die Arbeit draussen gut geht. Ich las bereits neue NrNr der Zeitung. Hurrah!* Daß sie zu Kreuze kriechen, sich an den russischen Regierungschef, ans deutsche Konsulat wenden soll, kommt nicht in Frage. *Meine Freunde verlangen durchaus, ich soll an (Graf Sergej) Witte telegraphieren u(nd) an den deutschen Konsul hier schreiben. Fällt mir nicht ein! Die Herren können lange warten, bis eine Sozialdemokratin sie um Schutz u(nd) Recht bittet. Es lebe die Revolution.*[111] Der *liebste Karolus* wird gleichfalls *dringend gebeten, dass man sich nicht etwa an Bülow* [d. h. Bernhard Fürst von Bülow, den deutschen Reichskanzler] *wendet; in keinem Fall möchte ich ihm irgend etwas verdanken, denn ich könnte nachher nicht mehr in der Agitation über ihn u(nd) die Reg(ierung) frei reden, wie sich's ge-*

55

ernst ist. Ich gebe Euch dann bald Nachricht.
Wie geht es Euch, meine Liebsten? Was macht
Ihr u. die Buben u. die Granny u. Hans? Grüsse
Freund Franziskus herzlich von mir. Hoffentlich
geht die Sache in „W." wieder gut dank Dein
festen Block. Jetzt Bitten an Dich Liebwol:

1) Bezahl meine Miethe, ich werde Dir Alles pünktlich
mit vielem Dank zurückerstatten.

2) Schicke gleich per Mandat 2000 öst. Kronen
an Herrn Alexander Kipper in der Druckerei von
Teodorczuk, Krakau, ulica Zielona #7, stelle
als Absender Herrn Adam Pendzichowski. Alle
weiteren etwaigen Forderungen von dieser Seite lasse
unberücksichtigt.

3) Gleichfalls per Mandat an Janiszewski, Der
Bücherei Berlin, Elisabeth Ufer 29, Absender
Adam, Mark 500.

4) Weiter gieb gar kein Geld heraus ohne meine
Forderung, höchstens aus dem Separat, niemals
aus dem Haupt. Eventuell nur nach Forderung
von Karski, sonst nicht. Auch nicht vom Konto
bei Hans.

5) Fordere ..., unseren Theil von den Alten u. von
Kautsmans u. unterlege auf das Haupt.

6) Karl, Lieber, Du musst für die Zeit übernehmen die
Vertretung der Sozd. Polens in Lit. im Bureau. Theile es denihin
formell mit. Eventuell Kosten zur Sitzung, werden Dir erstattet.

hört. Aus ähnlichen Gründen ist es Rosa *sehr peinlich, dass meine Verwandten einen solchen casus aus meinem Fall gemacht u*(nd) *sogar vor unsere Patres conscripti* [hier wohl Abgeordnete] *geschleppt haben; ich hätte mir das verbeten.* Aber ein «sitzender» Mensch wird leider nicht blos von der Obrigkeit, sondern auch von den eigenen Freunden sofort entmündigt und ohne Rücksicht auf seine Meinungen behandelt.[112]

Als dieser Seufzer ertönt, befindet die politische Gefangene sich bereits in der Dzielna-Straße. *Hier,* im Pawiak-Gefängnis, *sind die Bedingungen unvergleichlich besser* als auf dem Rathaus und ähneln denen, die sie in Zwickau gehabt hat: *Ruhe u*(nd) *Ordnung, Einsamkeit: Essen kriege ich mehr wie ich brauche, Spaziergang auch jeden Tag. Die Hauptsache ist aber: häufige Verbindung mit der Aussenwelt, so dass ich in ständiger Fühlung mit den Freunden bin u*(nd) *schreiben kann!* [113] Schreiben heißt natürlich politische Literatur verfassen. *Gestern,* schreibt Rosa an Karl und Luise Anfang April, hat sie *die dritte Broschüre fertig gemacht.* Sie freut sich *diebisch über die Unanständigkeiten, die* sie *täglich* hinausbefördert und die sie *nach 1–2 Tagen wieder schwarz auf weiss* zurückbekommt. Dennoch muß man sich die Sache nicht allzu einfach vorstellen. Für ihren *Privatgebrauch* bleiben *blos einige Abendstunden von 9 Uhr etwa bis 2 Nachts: denn bei Tag seit 4 Uhr Morgens ist hier im ganzen Hause u*(nd) *auf dem Hof ein Höllenspektakel: die* «*Gemeinen*» *Kolleginnen zanken sich ewig u*(nd) *kreischen, u*(nd) *die Myschugenen kriegen Wuthanfälle, die natürlich bei dem schönen Geschlecht hauptsächlich in einer erstaunlichen Thätigkeit der Zunge Luft finden.* Zum Glück hat Rosa sich *hier, wie bereits im Rathaus, als eine äusserst wirksame dompteuse des folles,* das heißt als Irrenbändigerin, *erwiesen u*(nd) *muss täglich auf dem Plan erscheinen, um eine rabiate Rednerin, die alle Welt zur Verzweiflung bringt, mit einigen leisen Worten zur Ruhe* zu *bringen.* Das – Rosa belächelt sich selbst – sei offenbar eine unfreiwillige Ehrenbezeigung *vor einem noch stärkeren Maulwerk.* Doch verdeckt solcher Humor ihre Sehnsucht nicht, einmal *wieder in meinem* «*roten*» *u*(nd) «*grünen*» *Zimmer zu sein* [114].

Vorläufig winkt Rosa allerdings alles andere als die Heimkehr in die beiden Räume der Cranachstraße 58. «Adolf» (Warszawski) teilt Kautskys Mitte Mai mit, «dass die Sache sehr schlecht steht». Es drohte ihr wirklich das Kriegsgericht. «Nun beschlossen wir mit Geld zu forcieren. Erstens galt es, die §§ der Anschuldigung umzudrehen. D i e s   g e l a n g, die offizielle Anschuldigung lautet jetzt anders. Es kommt wahrscheinlich zu einer Amnestie, aber zu einer solchen, aus der Rosa ausgeschlossen sein wird.»[115] Bleiben also nur Bestechungsversuche, um die Anklage nach den Amnestiebestimmungen umzuformen. Und im Hinblick auf die Geldbeschaffung sind nun auch die Bemühungen der Familie nicht mehr unwillkommen. Es kommt zu einer Begegnung mit den Geschwistern in der Warschauer Zitadelle, wo sie jetzt isoliert gehalten wird.

Dort (so beschreibt Rosa den Ablauf eines Tages für Sonja, die russische Frau des verhafteten Mitkämpfers Karl Liebknecht, in einem Brief aus dem Gefängnis) *wird man in einem förmlichen Doppelkäfig aus Drahtgeflecht vorgeführt, d. h. ein kleinerer Käfig steht frei in einem größeren, und durch das flimmernde Geflecht der beiden muß man sich unterhalten. Da es dazu just nach einem sechstägigen Hungerstreik war, war ich so schwach, daß mich der Rittmeister (unser Festungskommandant) ins Sprechzimmer fast tragen mußte und ich*

Karte an die Kautskys
aus Kuokkala,
20. August 1906

mich im Käfig mit beiden Händen am Draht festhielt, was wohl den Eindruck eines wilden Tieres im Zoo verstärkte. Der Käfig stand in einem ziemlich dunklen Winkel des Zimmers, und mein Bruder drückte sein Gesicht ziemlich dicht an den Draht. «Wo bist Du?» frug er immer und wischte sich vom Zwicker die Tränen, die ihn am Sehen hinderten.[116]

Noch Schlimmeres weiß Frölich von den Tagen zu berichten, «wo im Festungshof Galgen errichtet wurden, beklemmende Stille sich auf das ganze Gefängnis legte, bis man den Schritt der Verurteilten und des Hinrichtungskommandos hörte und aus allen Zellen der Trauermarsch erscholl». Oft geschah es nach Leos späterer Darstellung, «daß Revolutionäre mit bedeutsamem Ernst und unter besonderen Zeremonien aus den Zellen gerufen wurden. Sie kehrten nicht wieder.

Tagungslokal des Parteitags in Mannheim, 1906

Ohne Gericht und Urteil, ‹auf administrativem Weg›, wurde ihr Leben ausgewischt. Einmal schien dieses Schicksal auch an Rosa herantzutreten... Die Augen wurden ihr verbunden, und sie wurde weggeführt. Es ging dann nur zu einer Vernehmung, und das ungewöhnliche Verfahren beruhte entweder auf einem Irrtum, oder es war eine ausgeklügelte Grausamkeit. Also Rosa später gefragt wurde, was sie in jenem Augenblick empfunden habe, sagte sie: *Ich schämte mich, weil ich fühlte, daß ich erbleichte.*»[117]

Ende Juni empfängt Stadthagen durch «Brüsseler» (ein Deckname von Rosas Bruder) den Text einer Depesche, in der Doktor Rosalie Lübeck-Luxemburg das Berliner Polizeipräsidium *dringend* ersucht, dem Gendarmerie-Rittmeister Suschkoff ihre *preußische Staatsangehörigkeit* zu bescheinigen.[118] Lübecks Vermächtnis, die Attestierung ihres Körperzustands – *physisch sehr matt und sehe, wie man mir sagt, sehr gelb aus* – sowie eine vermutlich entscheidende *Kaution von 3000 Rubel*[119] verschaffen ihr endlich die Haftentlassung. Sofort schlägt ihre Stimmung um. Tilde und Emmo (Emanuel Wurm, Mathildes Gatte und Redaktionssekretär der «Neuen Zeit») bekommen prompt gesagt, wie *herrlich die Zeit ist, in der wir leben. Herrlich eine Zeit, die massenhaft Probleme und g e w a l t i g e Probleme aufwirft, die Gedanken anspornt,* «Kritik, Ironie und tiefere

60

Bedeutung» anregt, Leidenschaften aufpeitscht, und vor allem – eine
fruchtbare, schwangere Zeit ist, die stündlich gebiert und aus jeder
Geburt noch «schwangerer» hervorgeht, dabei nicht tote Mäuse gebiert oder gar krepierte Mücken, wie in Berlin, sondern lauter Riesen-
dinge, allwie: Riesenverbrechen (vide Regierung) ... Ich zittere vor
Lust im voraus ein hübsch gezeichnetes Bild aller dieser Riesenhaf-
tigkeiten zu entwerfen – selbstverständlich vor allem in der N(euen)
Z(eit). Reserviert mir also einen entsprechenden Riesenraum.[120] Am
11. August wiederholt Rosa (als Felicja, die Glückliche, im sicheren
Hafen [121] Kuokkala): Bei Gott, die Rev(olution) ist gross u(nd) stark,
wenn die S(ozial) D(emokratie) sie nicht kaput machen wird.[122]
Und in einer Mannheimer Volksversammlung zieht sie schließlich
im September objektiv und subjektiv das Fazit aus dem revolutionären Abenteuer der beiden slawischen Völker. Jene Monate in Rußland, ruft sie aus, sind die glücklichsten meines Lebens [123].

Berlin Friedenau
Cranachstr 58
12. I 07.

Meine lieben Freunde!

Vielen Dank für Euren Neujahrsgruss! Ich wollte Euch lange schon ausführlich schreiben aber ich war sehr in Anspruch genommen von den vielen Ereignissen in meinem jüngsten Leben. Wie Euch wahrscheinlich bekannt, wurde ich zusammen mit Grosz am 4. März vorigen Jahres in Warschau verhaftet; ich wurde im Anfang Juli gegen Kaution freigelassen u. ging im September nach Deutschland, es aber wurde festgehalten u. vorgestern erst vor ein Kriegsgericht gestellt,

Brief Rosas an Robert und Mathilde Seidel über Leos Kriegsgerichtsverfahren, 21. Januar 1907

DIE PARTEISCHULE

Nach dem großen Erlebnis im Osten kann Rosa ihr Dorado unmöglich mehr im Sand der Mark Brandenburg suchen. Ihr Briefwechsel beweist, wie wenig Illusionen sie sich über die für ihren Tatendrang ungeeigneten Verhältnisse in der deutschen Sozialdemokratie noch macht. Die den Fangarmen der zaristischen Justiz gerade Entkommene ist erst auf finnischem Boden, da wird ihr bereits übel beim bloßen Betrachten einer von den Kautskys zugesandten Auswahl von «Vorwärts»-Nummern. Auch anderes, worüber sie jetzt informiert wird, erweckt bei Rosa kritische Kommentare. Ein Punkt zieht hingegen ihr Interesse an. *Von der Schule für Agitatoren u*(nd) *Red*(akteure) *habe ich keine Ahnung; was ist das u*(nd) *wes Geistes Kind?!* [124] Die an Luise gerichtete, knappe und klare Frage nach dem Was und Woher eines damals in sozialdemokratischen Kreisen vieldiskutierten Arbeiterbildungsprojekts zielt auf eine von Rosas Hauptbegabungen. Während ihrer Gymnasialzeit gepflegt und fortentwickelt in dem «Philosophisch-pädagogischen Kränzchen» ihres ersten Studiensemesters, befähigt diese Anlage sie zur Durchführung einer Aufgabe, die sie erst nach längerem Zaudern akzeptieren, danach aber freiwillig nie mehr *hinschmeissen* [125] wird. Wie zurückhaltend – man möchte fast sagen feindlich – sie noch ein halbes Jahr vor ihrem eigenen Mitwirken der SPD-Bildungsarbeit gegenübersteht, ergibt sich aus einem bisher unbeachteten Urteil. Hervorgerufen wird es durch einen Entschluß, den Luise ihrer Freundin vor Ostern 1907 schriftlich mitteilt. Luise will sich der Partei als Dozentin für Französisch zur Verfügung stellen. Der Ton, in dem Rosa auf die Mitteilung reagiert, mag durch dreierlei zu erklären sein. Das erste und wichtigste: soeben hat sie aus noch ungenannten Gründen mit Leo gebrochen. Sie gerät dadurch in einen Zustand der Gereiztheit und befiehlt Luise, sie möchte Leo gegenüber ihren, Rosas, Namen nicht mehr erwähnen. Zum zweiten beweist Luise, die in Rosas Freundschaftshaushalt – nächst ihrem neuen Verehrer, dem jungen Konstantin Zetkin – eine wachsende Rolle spielen soll, mit einer solchen Entscheidung vielleicht allzuviel Selbständigkeit. Sie möchte dazu noch die Sprache lehren, die Rosa ungeachtet ihrer guten Gymnasialzensur nur unvollkommen meistert. Und drittens wird der Lehrstuhl, für den Heinrich Schulz, der eigentliche Initiator und Administrator der im Winter 1906 eröffneten obersten «Bildungsschule», einen «sattelfesten, nationalökonomisch geschulten Marxisten» [126] fordert, nicht an sie, sondern an den Österreicher Dr. Rudolf Hilferding vergeben. Es ärgert sie, schreibt sie an Luise, *dass ich Dich nicht verhindert habe, Dich Schulzen für die französische Sprache anzubie-*

ten. *Eigentlich ist das ja Philanthropie u(nd) Du verzettelst Deine knappe Zeit auf diese Weise.*[127]

«Wenige Tage vor der Wiedereröffnung der Schule» im Winter 1907 ereignet sich dann das von niemand Erwartete. Nicht allein Hilferding, sondern auch noch ein zweiter Hauptdozent, der Holländer Dr. Anton Pannekoek, werden von der politischen Polizei benachrichtigt, daß sie «bei Wiederaufnahme ihrer Tätigkeit an der Parteischule»[128] aus Preußen ausgewiesen werden. Noch einmal soll Lübecks Erbe, die deutsche Staatsangehörigkeit, sich als Segen erweisen. Auf Kautskys Empfehlung hin wird Rosa die freigewordene Stelle angeboten, und sie greift zu. Das geht freilich nicht ohne eine bissige Bemerkung ab. *Die ganze Schule interessiert mich blutwenig, und zum Schulmeister bin ich nicht geboren.*[129] Das geringe Interesse bedarf nach dem Vorangegangenen keiner Erklärung. Was aber die Begabung zum Schulmeister betrifft: wer möchte sie besitzen, sofern man an die Durchschnittsschulen des damaligen Deutschland denkt! Doch – diese Schule ist alles andere denn durchschnittlich. Und Rosa muß ahnen, daß sie bei ihrer Mitwirkung noch ungewöhnlicher sein wird, als sie es ohnehin schon ist.

Die Bedeutung der nun einsetzenden Tätigkeit für Rosa kann nichts besser umreißen als das, was sie selbst nach einjähriger Lehrerfahrung den Delegierten des Nürnberger Parteikongresses darüber sagt. Mit dieser Rede vertritt sie den fast 600 000 SPD-Mitgliedern gegenüber eine Einrichtung, für die jährlich nahezu 60 000 Mark – Goldmark! – aufgewendet werden. Eine derartige Rechtfertigung ist um so angebrachter, als verschiedene Sprecher, darunter einer ihrer Vorgänger am «Vorwärts», der Nürnberger Eisner, im Rahmen einer Vorstandsberichtsdebatte zu der neuen Institution kritisch Stellung nehmen. Rosa erweist Eisners Argumenten wenig Achtung. Sie verdienten schon deshalb mehr Sympathie, weil er eines Tags, wie sie selbst, für seine Überzeugung mit dem Leben zahlen wird. Doch hier geht es uns nur um Rosas Interpretation. Sie zeigt zuerst einen Geist, der jedem Schulmann zur Ehre gereichen würde. *Wenn ich das Wort ergreife, so nicht, um gegen die Kritik an der Parteischule zu protestieren, sondern im Gegenteil, um mich zu beklagen über den Mangel einer ernsten sachlichen Kritik. Die Parteischule ist ein neues und sehr wichtiges Institut, das von allen Seiten ernsthaft gewürdigt und kritisiert werden muß.* Dann folgt eine nicht minder ehrenhafte Selbstkritik und ein Witz über sich selbst, der wegen seines Überraschungseffekts – die Revolutionärin als Konservative – Heiterkeit erregt. Ob die darin liegende tiefere Wahrheit, eine gewisse, wahrscheinlich milieubedingte Inflexibilität, damals von vielen verstanden wird, darf bezweifelt werden. *Ich muß selbst bekennen, daß ich von An-*

Luise und Rosa

fang an der Gründung der Parteischule mit größtem Mißtrauen be-
gegnet bin, einerseits aus angeborenem Konservatismus (Heiterkeit),
andererseits, weil ich mir im stillen Kämmerlein meines Herzens sag-
te, eine Partei, wie die sozialdemokratische, muß ihre Agitation mehr
auf eine direkte Massenwirkung einrichten. Dann kommt das wegen
der Ausgangsargumente und der Einschränkungen überzeugende Bekenntnis, dessen Hauptwert darin liegt, daß diese Dozentin – über
50 Jahre vor den internationalen Studentenrevolten – sich nicht auf
die Fachkritik und die Kollegen beruft, sondern auf ihre – Schüler.
Meine Tätigkeit an der Parteischule hat diesen Zweifel zu einem
großen Teil gehoben. In der Schule selbst, in einem stetigen Kontakt
mit den Parteischülern habe ich gelernt, das neue Institut zu schätzen,
und ich kann aus vollster Überzeugung sagen: Ich habe das Gefühl,
wir haben damit etwas Neues geschaffen, dessen Wirkungen wir noch
nicht überblicken können, aber wir haben etwas Gutes damit geschaf-
fen, das der Partei Nutzen und Segen bringen wird. Allerdings (die
Rednerin nimmt das Motiv der Kritik wieder auf) *ist noch manches*
zu kritisieren, und es wäre ein Wunder, wenn das nicht der Fall wä-
re. Und nun geht sie auf das Wichtigste an jeder Lehranstalt ein, die
Schüler oder Studenten – hier eigentlich Studenten, denn die Kursusteilnehmer sind ungefähr zwischen 22 und 40 Jahren –, und das
ewige Problem eines jeden Pädagogen, den Lehrplan. *Wenn ich auch*
die Anregung auf eine Änderung in der Auswahl der Schüler ab-
lehne – denn wir haben als Lehrer die Erfahrung gemacht, daß die
bisherigen Resultate ausgezeichnet sind, so daß ich mir ein besseres
Elitekorps gar nicht wünschen möchte –, so finde ich doch einiges
an dem Lehrplan auszusetzen. In dem Lehrplan müßte mit an erster
Stelle die Geschichte des internationalen Sozialismus stehen. Diese
Ehrenbezeigung vor der Hörerschaft, nach der man sich denselben
Beifall wünschte, der im Protokoll des Parteitags hinter der Forderung nach internationaler Sozialgeschichte erscheint, folgt eine noch
gewichtigere Frage. Was wird aus den Absolventen der Anstalt?
Wie steuert man sie nach vollendetem Studium zwischen der Scylla
gesellschaftlicher Gleichgültigkeit und der Charybdis gesellschaftlicher Überforderung hindurch? *Es kann jetzt vorkommen, daß Partei-*
organisationen Schüler in die Schule schicken, wie den Sündenbock in
die Wüste, um sich nachher nicht mehr darum zu kümmern, was
aus ihnen wird (sehr richtig!), *ohne ihnen einen genügenden Wir-*
kungskreis zur Verfügung zu stellen. Allerdings besteht auf der an-
deren Seite auch die Gefahr, daß an die Parteischüler, wenn sie einen
Posten haben, gar zu große Anforderungen seitens der Genossen
gestellt werden.[130] Soweit die Nürnberger Debatte.

Wollen wir Rosas Beteiligung an einer erziehungsgeschichtlich epo-

Rosa mit ihrer Porträtskizze des fünfzehnjährigen Karl Kautsky jr. und ihm selbst, 1907

chemachenden Institution gründlicher würdigen, so ist hinzuzufügen, daß sie den Studierenden die bei Angehörigen der «unteren» großstädtischen Volksschichten entscheidende Sorge um die Existenz abnimmt. Nicht nur, daß der Unterricht und die Lernmittel ihnen unentgeltlich geboten werden: im ersten Berichtsjahr können 31 Hörer – bei ermäßigten Bezugspreisen – zusammen nicht weniger als 2000 Mark für Bücher ausgeben! «Die Teilnehmer selbst nebst ihren Familien werden während der Dauer des Kursus von der Partei unterhalten.» Wesentlich ist ferner, daß die Zahl der Teilnehmer «für den einzelnen halbjährigen Kursus auf 30 bemessen» wird und diese Grenze «nur aus besonderen Umständen» gelegentlich «um ein geringes (31 oder 32) überschritten werden»[131] darf. Eine Überfüllung der vorhandenen Räumlichkeiten ist also von vornherein ausgeschaltet. Ja, die effektive Belegung der verfügbaren Plätze bleibt oft sogar

Rosas erster Lehrgang, 1907/08. Erster stehend links: Hugo Heinemann. Hinter Rosa: August Bebel. Auf der zweiten Bank ganz links: Wilhelm Pieck

hinter der festgesetzten Höchstzahl zurück, weil *namentlich der Metallarbeiterverb*(and) es verschmäht, die seit 1908 den Zentralgewerkschaften eingeräumte Quote von zehn *Vakanzen* [132] auszuschöpfen. Das ist auch recht begreiflich, wenn der Löwenanteil eines Kursus von insgesamt 777 Unterrichtsstunden, 250 Stunden Nationalökonomie, einer Dozentin zufällt, die bei einer Gelegenheit die Moskauer Gewerkschaft der Buchdrucker dem deutschen Buchdruckerverband als ein Muster hinstellt, das *den Glauben an die alleinseligmachende Methode der Leisetreterei* [133] erschüttere. Die Betonung gerade dieser scheinbar abstrakten Materie beweist, wie sehr die SPD damals ihren Zeitgenossen voraus ist. Weit hinter Rosa rangiert mit 105 Stunden für «den mündlichen und schriftlichen Gedankenausdruck und die Zeitungstechnik» Schulz. Ihm folgen Mehrings 90 Stunden für ältere und neue Geschichte und 80 Stunden «Geschichte der gesellschaftlichen Entwickelung», die Cunow als Hauptersatzmann für Pannekoek übernimmt. Einen beträchtlichen Raum erhalten auch juristische Materien. Stadthagen verfügt für «Arbeiterrecht, soziale Gesetzgebung, Gesinderecht und Verfassung» über 86 Stunden. Je

46 Stunden lesen Dr. Hugo Heinemann – «Strafrecht, Strafprozeß, Strafvollzug» – und Dr. Kurt Rosenfeld: «Bürgerliches Recht». Die gleiche Stundenzahl hat Simon Katzenstein für Vorträge über Kommunalpolitik. Dem zugleich mit Rosa eintretenden Stadthagen werden dagegen in dem vom 1. Oktober 1907 bis 31. März 1908 reichenden Semester für seine Vorträge über «Naturkenntnis» nur 28 Stunden eingeräumt. In späteren Semestern sieht der Stundenplan inhaltlich und prozentual etwas anders aus, so daß Rosa zuletzt beispielsweise 240 Stunden Wirtschaftsgeschichte und Nationalökonomie gibt.

Von geschichtlicher Bedeutung ist weiter, daß die einem modernen amerikanischen City-College nicht unähnliche Einrichtung vom gesamten Lehrerkollegium geleitet wird; daß in dieser Leitung je ein Vertreter der Kursusteilnehmer und des Parteivorstands mit beratender Stimme vertreten ist; und daß im Durchschnitt monatlich eine Konferenz abgehalten wird. Zur Besprechung der geleisteten und der künftigen Semesterarbeit zieht man den ganzen Parteivorstand heran, dessen Zustimmung auch für wichtige Entscheidungen, namentlich solche finanzieller Art, einzuholen ist. Ebenso werden jedoch Aussprachen mit den Studenten veranstaltet. Sie verlangen manchmal nur «kleine Verbesserungen der inneren und äußeren Organisation des Schulbetriebs»[134]. Einmal aber heißt es in einem Jahresbericht von der Hörerversammlung: «Einige Wünsche gingen dahin, die Unterrichtsstunden der theoretischen Fächer in Nationalökonomie, Geschichte und Soziologie und in dem vorwiegend praktischen Kursus über Rede, Stil und Zeitungswesen zu vermehren, dagegen die juristischen Fächer und die Kommunalpolitik in der Stundenzahl etwas einzuschränken. In dem Lehrplanentwurf für den dritten Kursus sind diese Anregungen zum Teil berücksichtigt worden.» Ein andermal liest man: «Um mehreren Klagen der Schüler wegen Überlastung abzuhelfen, soll bei dem neuen Kursus wöchentlich außer den bisherigen beiden Nachmittagen noch ein dritter Nachmittag vom Unterricht frei gehalten werden.»[135] Mit anderen Worten, Schulreformen gehen hier mit von den Schülern aus. Sie haben zudem bei den am Nachmittag vorzunehmenden Arbeiten und für seminaristische Übungen ein Anrecht auf die Hilfe ihrer Lehrer, die deshalb gewöhnlich nur am Vormittag dozieren. Rosas Wirkungskreis ist also ein Stückchen vorgelebte Zukunft.

Damit ist über den effektiven Wert des sozialdemokratischen Experiments und Rosas Verdienste hierfür noch nichts ausgesagt. Daß die parteiamtlichen Berichte Zufriedenheit atmen, wird niemand verwundern. Überraschen mag höchstens, in welcher Reihenfolge zuweilen die Zufriedenen aufgeführt werden. «Die Schüler, das Lehrerkollegium und der Parteivorstand», vernimmt man 1911, «waren

Die Parteischule, 1910. 1. Emanuel Wurm, später Staatssekretär im Reichsernährungsamt. 2. Dr. Arthur Stadthagen. 3. Franz Mehring. 4. Dr. Kurt Rosenfeld, später Justizminister. 5. Heinrich Cunow. 6. Dr. Gustav Eckstein. 7. Rosa Luxemburg. 8. Heinrich Schulz, später Mitglied der Nationalversammlung. 9. Friedrich Ebert, später Reichspräsident (Nach freundl. Mitteilung von Rosi Frölich zeigt diese Abb. nicht Heinrich Schulz.)

auch in diesem Jahre von dem Ergebnis des Kursus in vollem Maße befriedigt.»[136] Den Schulfachmann wird auch nicht erstaunen, von sehr enttäuschenden Semesterschlußdiskussionen und von sehr lobenden Erinnerungen zu hören oder zu lesen, Erinnerungen, die so leicht täuschen, weil der Betreffende dem Beobachteten noch zu nah oder nicht mehr nahe genug steht. Das Anschaulichste über «Rosa Luxemburg als Lehrerin» wird 1920 von einer Schülerin, Rosi Wolfstein, geschrieben. «Wie sie uns zur eigenen Auseinandersetzung, zur Selbstverständigung mit den nationalökonomischen Fragen zwang? Durch Fragen! Durch Fragen und immer erneutes Fragen und Forschen holte sie aus der Klasse heraus, was nur an Erkenntnis über das, was es festzustellen galt, in ihr steckte. Durch Fragen beklopfte sie die Antwort und ließ uns selbst hören, wo und wie sehr es hohl klang, durch Fragen tastete sie die Argumente ab und ließ uns selbst sehen, ob sie schief oder gerade waren, durch Fragen zwang sie über die Erkenntnis des eigenen Irrtums hin zum eigenen Finden einer hieb- und stichfesten Lösung. Und dies tat sie von der ersten Stunde an, wo sie noch fremdem Menschenmaterial gegenüberstand, wie wir neuem Wissensgebiet. Von der ersten Stunde an begann sie uns zu *quälen* – wie sie selbst scherzend sagte –: *Was ist Nationalökonomie?* Volkswirtschaftslehre! *Gibt es eine Volkswirtschaft überhaupt? Ja? Worin besteht sie?* Und, nachdem die Erklärung naturgemäß scheiterte: *Also was gibt es dann?* Eine Weltwirtschaft. *Ist Nationalökonomie Weltwirtschaftslehre? Hat es immer eine Weltwirtschaft gegeben? Was gab es vorher?* usw. usw. bis zur letzten Stunde, wo sie uns entließ mit der eindringlichen Mahnung, nichts ohne Nachprüfung anzunehmen, alles immer erneut nachzuprüfen, *mit allen Problemen Fangball spielen, das ist's, was sein muß.*»[137]

Nicht das Unwichtigste dabei ist der Humor, der die Luft der Schulstube erst leicht genug macht, um den Atmungsvorgang des Lernens einzuleiten. Ehe der Weltkrieg die sozialistische «Kriegsschule» (wie die Parteischule einmal bezeichnet wird) zu schließen zwingt, wird Rosa gebeten, für ein paar nichtproletarische Freunde ein Privatissimum über Marx zu lesen. Gern möchte sie, die mit ihren Schülern «aus den Fabriken, Werkstätten und Kontoren», wie Rosi Wolfstein sich ausdrückt, den ersten Band des «Kapitals» gemeinsam liest und die weiteren Bände mit ihnen durchspricht, sich *von der Sache drücken.* Denn, argumentiert sie Luise gegenüber, *ich verspreche mir blutwenig u*(nd) *bin kolossal müde. Aber Kurtchen Rosenfeld war heute wieder keuchend auf die Parteischule angestürmt u*(nd) *hat mich schwaches Weib wieder platt gedrückt. Es soll auch schleunigst beginnen, denn Frau Dr.* (Marta) *Rosenbaum und Dr. Roeder mit Frau scheinen sich plötzlich in das «Kapital» verliebt zu haben. Deine*

Jahrgang 1911, im Hintergrund der Lehrkörper. Von links nach rechts: Wurm, Mehring, Schulz, Rosa, Stadthagen, Cunow, Eckstein

Anwesenheit dort wird mir eine Labsal sein. Im Anschluß an ein technisches Detail gibt Rosa sodann einen Beweis dafür, daß sie in ihrer Sensibilität genug von der Osmose eines Vortrags versteht, um Luise nicht zweimal denselben zuzumuten. *Übrigens will ich damit beginnen, dass ich den Herrschaften jenes 1. Heft meiner Einführung in die N(ational)ö(konomie) vorlese, die ich einem bekannten Paar einmal am Gestade des 4waldstätter Sees vorgelesen habe. Vielleicht lockt Dich das dacapo also nicht u(nd) Du bleibst dann ruhig von der 1. «Lektion» fern.*[138] Daß dieses sozialistische College auch in regulären Kursen schon Koedukation praktiziert und deshalb unter den Partei- und Gewerkschaftsfunktionären, den Maurern, den Glas-, Holz-, Berg- und Transportarbeitern, den Dachdeckern und Friseurgehilfen, auch öfters Kolleginnen sitzen und daß sie einen weiblichen Professor vor sich haben, ist nicht sein geringstes historisches Plus.

Was war die Lektion, die Karl und Luise schon in der Schweiz zu kosten bekommen hatten? War es der etwa sechseinhalb Druckseiten umfassende erste Abschnitt *Was ist Nationalökonomie?* des nachgelassenen Werks, das später auf russisch von dem in Ungnade gefallenen deutschen Genossen August Thalheimer in Moskau und von

Levi als *Einführung in die Nationalökonomie* in Berlin publiziert wurde? Der Abschnitt enthielt eine temperamentvolle Auseinandersetzung mit den Definitionen namhafter deutscher Gelehrter. Das offensichtlich unvollständig edierte, stilistisch uneinheitliche Werk war ein zum Hochschulniveau hinstrebender, beileibe nicht umsturzwütiger, soziologisch (anthropologisch) und wirtschaftsgeschichtlich orientierter, auf den von Marx und Engels erarbeiteten Konzeptionen aufgebauter, aber um neueres Material erweiterter Abriß der Zivilisationsgeschichte mit einem Akzent auf dem Entstehen und Vergehen der Markgenossenschaft und ihren internationalen Seitenstücken. Rosa erteilte ihren regulären Schülern jeden Tag zwei Stunden Unterricht (*mit einer ¼ Stunde Pause dazwischen* [139]). Nahm sie pro Stunde eine Druckseite durch und faßte sie, wie es anscheinend üblich wurde, das Durchgenommene am Schluß der Vorlesung schriftlich zusammen, dann ließ dieser Stoff sich wohl im Laufe eines Halbjahres bewältigen.

Den belebenden Peitschenhieben auf die Leuchten der Wissenschaft, die auch Rosas Zeitschriftenbeiträge zuweilen austeilten, entsprachen herausfordernde Beispiele aus der Geschichte der Länder, die den Hörern einigermaßen vertraut sein mußte. Nahmen sie an, daß Deutschland – dank des sozialdemokratischen und gewerkschaftlichen Drucks, versteht sich – den anderen Ländern ein Vorbild an sozialer Gesetzgebung bot? Gefehlt! *In Rußland entstanden die ersten Schutzgesetze für Frauen und Minderjährige aus den großen Fabrikunruhen des Jahres 1882 im Moskauer Industriebezirk, und der elfeinhalbstündige Arbeitstag für erwachsene Männer aus den ersten Generalstreiks der 60000 Textilarbeiter Petersburgs im Jahre 1896 und 1897. Deutschland hinkt jetzt mit seinen Schutzgesetzen nur für Frauen und Kinder allen anderen modernen Großstaaten nach.* [140] Wenn solche Enthüllungen die rund 200 Deutschen, die in den sieben Kursen durch Rosas Hände gingen, nicht zum Nachschreiben, Nachschlagen und Nachdenken brachten, dann war alle Bildungsarbeit an ihnen verloren.

VOM BÜRGERLICHEN IMPERIALISMUS
ZUM PROLETARISCHEN IMPERIUM

Auch Rosa lernte weiter. Hierin lag wohl der Hauptgrund, daß sie eine Anzahl erfolgreicher Schüler ausbildete. Der Namhafteste unter ihnen war Wilhelm Pieck, der einige Zeit vor dem ersten Weltkrieg Sekretär der Parteischule wurde und nach dem zweiten Präsident der Deutschen Demokratischen Republik. Beinahe vier Jahre bosselte sie an der zu ihren Lebzeiten nicht mehr erschienenen *Einführung*. Bei ihren ständigen Rundgängen durch das Gebäude der Marxschen Theorien, in dem sie als Pädagogin Führungen veranstaltete, das sie als Politikerin nutzbar zu machen, als Theoretikerin auszubauen trachtete, stieß sie im Herbst 1911 auf einiges, das Marx unfertig hinterlassen hatte. Manch anderer wäre daran vorbeigegangen. Rosa gestaltete aus der Lücke ein neues Buch – «ihr wichtigstes und bekanntestes»[141]: *Die Akkumulation des Kapitals*. Hauptsächlich auf Sekundärliteratur fußend und darin Engels näher als Marx, hielt sie sozusagen eine Reihe brillanter Vorlesungen zur Sozial-, Wirtschafts- und politischen Geschichte, wobei sie eine Kritik der klassischen Wirtschaftstheorien (einschließlich Marx'), führender russischer Wirtschaftswissenschaftler und wesentlicher Aspekte des modernen Imperialismus systematisch miteinander verschmolz.

Wir müssen uns unserer Aufgabe gemäß mit einigen Selbstzeugnissen begnügen. Zum Glück lassen sie an Verständlichkeit nichts zu wünschen übrig. Mit dem vom Dezember 1912 datierten Vorwort verstand Rosa bereits erstaunlich viel von dem fast 450 Seiten starken Band in eine zwanzigzeilige Nußschale hineinzubannen. *Den Anstoß zur vorliegenden Arbeit*, beschrieb sie mit erfrischender Offenheit die Entstehung des Werks, *hat mir eine populäre Einführung in die Nationalökonomie gegeben, die ich seit längerer Zeit für denselben Verlag vorbereite, an deren Fertigstellung ich aber immer wieder durch meine Tätigkeit an der Parteischule oder durch Agitation verhindert wurde. Als ich im Januar dieses Jahres, nach der Reichstagswahl, wieder einmal daran ging, jene Popularisierung der Marxschen ökonomischen Lehre wenigstens im Grundriß zum Abschluß zu bringen, bin ich auf eine unerwartete Schwierigkeit gestoßen. Es wollte mir nicht gelingen, den Gesamtprozeß der kapitalistischen Produktion in ihren konkreten Beziehungen sowie ihre objektive geschichtliche Schranke mit genügender Klarheit darzustellen. Bei näherem Zusehen kam ich zu der Ansicht, daß hier nicht bloß eine Frage der Darstellung, sondern auch ein Problem vorliegt, das theoretisch mit dem Inhalt des II. Bandes des Marxschen «Kapital» im Zusammenhang steht und zugleich in die Praxis der heutigen impe-*

rialistischen Politik wie deren ökonomische Wurzeln eingreift. Sollte mir der Versuch gelungen sein, dieses Problem wissenschaftlich exact zu fassen, dann dürfte die Arbeit außer einem rein theoretischen Interesse, wie mir scheint, auch einige Bedeutung für unseren praktischen Kampf mit dem Imperialismus haben.[142]

Ging es auch wie bei ihrer Dissertation um ein Unternehmen von ausgesprochen akademischem Niveau, und setzte sie sich auch, wie dort, mit recht esoterischen Autoren auseinander, so wurden dieses Mal doch ihre politischen Absichten offener ausgesprochen. Außerdem legte sie sich in der Diktion kaum noch Zügel an. Wie sie beispielsweise in dem Kapitel über *die Einführung der Warenwirtschaft* den Verfasser eines freimütigen Gutachtens über den Opiumhandel als *bezopften Kato von Peking*[143] ansprach, kontrastierte seltsam mit dem sachlichen, ja trockenen Ton, in dem eine Dekade vor ihr der im Lager der Labour Party landende britische Nationalökonom John Atkinson Hobson in seiner berühmten Analyse des Imperialismus schon vieles von dem untersucht hatte, was Rosa aus einem anderen Gesichtswinkel anvisierte.

Ein Hinweis auf den Rosa seit Jahren bekannten Briten fehlte freilich in der Besprechung – oder sagt man besser Abschlachtung? –, die einer ihrer Kollegen an der Parteischule Mitte Februar 1913 in der «Literarischen Rundschau» des «Vorwärts» bieten zu sollen meinte. «Genossin Luxemburg glaubt mit ihrem Buche einen Beitrag zur ökonomischen Erklärung des Imperialismus geliefert zu haben», kritisierte Dr. Gustav Eckstein den allerdings überraschenden Versuch einer Verbesserung Marx' durch einen weiblichen und dazu noch von keiner deutschen Universität diplomierten Genossen. «Leider» sei das «keineswegs der Fall». Mit «wirklichen Problemen des Imperialismus» befasse sich «nur das 30. Kapitel: ‹Die internationale Anleihe›», das aber «nichts Neues» enthalte. «Überhaupt», meinte Eckstein, «hat das Buch mit den neuen Erscheinungen des heute pulsierenden wirtschaftlichen Lebens so wenig zu tun, daß es ebensogut auch vor 20 und mehr Jahren hätte geschrieben werden können.»[144]

Rosa blieb die Antwort nicht schuldig. *Ein derartiges Schicksal war, so viel mir erinnerlich, noch keiner Neuerscheinung der Parteiliteratur, seit sie besteht, zuteil geworden, und es ist wirklich nicht lauter Gold und Perlen, was seit Jahrzehnten in den sozialdemokratischen Verlagen erscheint... Das Ungewöhnliche all dieser Vorgänge verrät deutlich, daß wohl noch andere Leidenschaften als «reine Wissenschaft» durch das Buch so oder anders berührt worden sind.* Und in einer Fußnote zu *dieser beliebtesten Plattform des Vulgärökonomen,* nämlich dem von ihr abgelehnten Standort des Einzelkapitalisten, versetzte sie ihrem Angreifer den Extrahieb: *Man sehe ein der-*

artiges Beispiel dafür bei dem «Vorwärts»-Rezensenten meines Buches, G. Eckstein, der nach einleitenden wichtigen Versprechungen, den Leser über das gesellschaftliche Bedürfnis zu belehren, sich ein paarmal hilflos wie die Katze um den eigenen Schwanz herumdreht, ohne vom Fleck zu kommen, und schließlich erklärt, die Sache sei «keineswegs einfach und leicht». Das stimmt. Ein paar schnoddrige Redensarten sind viel einfacher und leichter. Privatim erhob Rosa außerdem die Anschuldigung, Ecksteins Kritik sei die Rache für lange vergebliche und schroff von mir zurückgewiesene Anfreundungsversuche [145].

Rosa sollte nicht die Genugtuung erleben, diese Gegenwehr in Broschürenform vor sich zu sehen. Sie saß im Königlich-Preußischen Weibergefängnis, als sie Ende 1915 der «Neuen Zeit» schrieb, sie beabsichtige zu ihrem wenig verstandenen (bei den Wirtschaftstheoretikern erst mit der sogenannten Keynesschen Revolution einigermaßen zu seinem Recht kommenden) Werk einen Kommentar zu verfassen. Die Darlegung wird möglichst populär sein, ohne alle mathematischen Schemata u(nd) darauf gerichtet, dem weiteren Publikum einen Begriff von den einschlägigen Problemen u(nd) einen Überblick über deren praktisch-politische Bedeutung zu geben.[146] Doch erst zwei Jahre nach ihrem Tod erschien die 120 Seiten lange «Antikritik» – unter demselben Titel wie das Buch, aber mit dem Untertitel Was die Epigonen aus der Marxschen Theorie gemacht haben. Kristallklar stand da die Hauptthese der Verfasserin: Nur durch ständige Expansion auf neue Produktionsdomänen und neue Länder ist die Existenz und die Entwicklung des Kapitalismus seit jeher möglich gewesen.[147] Ebenso deutlich jedoch proklamierte sie die Notwendigkeit, jedwede These ohne Schonung öffentlich zu debattieren. Gewiß: Wehleidige Gemüter werden wieder beklagen, daß «Marxisten untereinander streiten», daß bewährte «Autoritäten» angefochten werden. Aber Marxismus ist nicht ein Dutzend Personen, die einander das Recht der «Sachverständigkeit» ausstellen und vor denen die Masse der gläubigen Moslims in blindem Vertrauen zu ersterben hat. Marxismus ist eine revolutionäre Weltanschauung, die stets nach neuen Erkenntnissen ringen muß, die nichts so verabscheut wie das Erstarren in einmal gültigen Formen, die am besten im geistigen Waffengeklirr der Selbstkritik und im geschichtlichen Blitz und Donner ihre lebendige Kraft bewährt.[148] Das war ein Kommentar, der keines weiteren Kommentars bedurfte, was immer man über die von Rosa gewiß nicht erschöpfend behandelte Natur des Kapitalismus auch denken mochte oder mag. (So sehr die Vorstellung besticht, daß er, einem Einsiedlerkrebs gleich, nicht weiterwachsen könne, ohne ein neues nichtkapitalistisches Gehäuse zu finden.)

Im *geistigen Waffengeklirr der Selbstkritik* erprobte Rosa sich nir-
gendwo besser als auf den internationalen Turnieren, welche die Arbeiterbewegung von Zeit zu Zeit veranstaltete. Sie kam als Kind
von Zamost nach Warschau, als gerade die I. Internationale von ihren eigenen Vätern umgebracht wurde. Sie vertauschte Polen mit der
Eidgenossenschaft, als man in Paris die II. Internationale gründete.
Auf deren dritter Zusammenkunft, dem im August 1893 in der
Züricher Tonhalle abgehaltenen Internationalen Sozialistischen Ar-
beiterkongreß, versuchte sie als Mitglied der polnischen Delegation
ihr internationales Debüt zu machen. Doch die slawischen Mitbrüder
verhinderten es. Ignacy Daszyński, der bekannteste Sozialistenfüh-
rer der Polen, erschien persönlich vor dem von Singer präsidierten
«Bureau» des Kongresses und bat darum, «das beanstandete polnische Mandat zurückzuweisen». Die hinter ihm stehende Zeitung
«sei nur in e i n e r Nummer erschienen, über die Richtung sei also
kein Urteil möglich, das Mandat sei ohne Unterschrift; niemand wisse, wer der Redakteur der Zeitung sei, die hier eine Delegiertin ent-
sende»[149]. Nun, die Delegiertin kannte den Redakteur, bzw. die Redakteurin, R. Kruszyńska (und wir kennen sie auch), doch sie hütete
sich wohl, ihr Wissen mitzuteilen. «Frl. Luxemburg erklärt diese
Tatsache mit den eigentümlichen Verhältnissen in Russisch-Polen.
Die Zeitung werde von einem sozialdemokratischen literarischen Verein herausgegeben, müsse als Ausdruck des polnisch-sozialistischen
Proletariats betrachtet werden. Nach längerer Diskussion beschließt
der Kongreß mit Stimmenmehrheit Zurückweisung der Delegiertin.
Das Bureau bezweifelt die Abstimmung; Polen beantragt Nationali-
täten-Abstimmung. Sieben Nationen sind für Anerkennung, neun
für Verwerfung des Mandates, drei enthalten sich.»[150] So endete
Rosas erstes Auftreten in der Veranstaltung, die Engels' Abschieds-
vorstellung sein sollte.

Das heißt, es endete natürlich nicht ganz so. Rosa wäre nicht Rosa gewesen, hätte das Büro nicht außer einem Telegramm von «Frl.
Kruszynska, Vertreterin der ‹Sprawa Robotnicza›» und Karski, «Delegierter der socialdemokratischen Arbeiter von Lodz und Warschau»,
ein «letztes Wort zur Frage des polnischen Mandats» in separatem
französischem und deutschem Druck zugesandt bekommen. Dazu
noch einen acht Druckseiten umfassenden «Bericht an den III. Internationalen Socialistischen Arbeiterkongress in Zürich 1893 über den
Stand und Verlauf der socialdemokratischen Bewegung in Russisch-
Polen 1889–1893. Erstattet von der Redaktion der Zeitschrift ‹Sprawa Robotnicza› (Sache der Arbeiter), Organ der Socialdemokraten des
Königreich Polen». Sein Leitmotiv klingt uns vertraut: *Das Programm,
ein selbständiges Polen wieder herzustellen, kann, da es nicht mit der*

78

Wirklichkeit rechnet, keine politische Tätigkeit schaffen, welche den Bedürfnissen des Proletariats entspricht ... Für das Proletariat von Posen und Schlesien ist das politische Programm das Zusammengehen mit der deutschen Socialdemokratie.[151]

Drei Jahre später saß Rosa mit einem polnischen (und zwei zur Sicherheit mitgebrachten deutschen Mandaten) schon fest im Sattel. Vergebens deklamierte der PPS-«Bericht der polnischen Delegation an den Internationalen Sozialistischen Arbeiter- und Gewerkschafts-Congreß in London 1896»: «... hat sich der Vorstand der Partei und das Parteiorgan für die Notwendigkeit der Erreichung der Unabhängigkeit des Landes für den polnischen Arbeiter mehrmals ausgesprochen ... Desungeachtet hat eine gewisse Anzahl von Genossen ihr Mandat zur Vertretung auf dem Kongreß einer Gegnerin unseres Programmes gegeben. Dies kommt von der noch nicht vollständigen inneren Konsolidierung der Partei. Wenn wir einmal in Posen eine derartige politische Bewegung wie in Warschau oder Galizien haben, dann verschwinden auch diese Übelstände.»[152] Doch statt sich in Dunst aufzulösen, erschien Rosa im September 1900 auf dem Internationalen Sozialistenkongreß in Paris als Vertreterin Polens und Oberschlesiens und durfte in dieser doppelten Eigenschaft eine einstimmig angenommene Resolution begründen. *Der Alliance der imperialistischen Reaktion muß das Proletariat eine internationale Protestbewegung entgegensetzen,* erklärte sie. *Die Resolution enthält praktische Vorschläge dazu. Es ist nicht viel, was wir in Vorschlag bringen: Die sozialistischen Abgeordneten sollen nur überall verpflichtet werden, gegen jede Ausgabe für die Zwecke des Land- und Wassermilitarismus zu stimmen, und die vom Kongreß geschaffene Permanente Kommission soll in Fällen von internationaler Tragweite, wie es z. B. im Chinakrieg war, eine gleichförmige Protestbewegung in allen Ländern ins Leben rufen. Wird aber dies Wenige genau ausgeführt, so werden wir sicher einen großen Fortschritt in den internationalen Beziehungen zu verzeichnen haben.*[153]

Hier leuchteten die Umrisse eines quer durch alle Grenzen schneidenden Reichs des Sozialismus auf. Es waren gewiß erst schwache Umrisse, und man kann nachfühlen, warum Rosa – anders als Leo Trotzkis Verhalten in einem analogen Fall – im Rückblick auf jene Zeit Zweifel daran kamen, ob der politische Gewinn das geforderte menschliche Opfer wert war. Ihre Mutter war 1897 gestorben, als Rosa in Paris weilte; dort war sie auch, als 1900 ihr Vater starb. *So fand ich die Nachricht vom Tode des Vaters in Berlin, als ich vom intern(ationalen) Kongreß in Paris zurückkam, wo ich mit (Jean) Jaurès, (Alexandre) Millerand, Daszynski, Bebel und Gott weiß wem mich herumhieb, daß nur die Federn flogen, derweil konnte der alte*

Herr nicht länger warten, sagte sich wohl auch, es hätte doch keinen Zweck, mochte er noch so lange warten, da ich ja doch nie «Zeit hätte» für ihn und für mich selbst, – und er starb. Als ich von Paris zurückkam, war er schon seit einer Woche begraben. J e t z t wäre ich natürlich klüger, aber man wird ja meist klüger, wenn's zu spät ist.[154]

Im Herbst 1904 figurierte Rosa auf dem Internationalen Sozialistenkongreß im Saal der Amsterdamer Concertgebouw nicht nur als deutsche Delegierte für Bromberg in der Kommission für Trusts (und Arbeitslosigkeit). Als Delegierte der Polnischen Sozialistischen Partei «Proletariat», wie die Gruppe sich nun nannte, gehörte sie zum Büro des Kongresses. Im Namen ihrer Partei und zugleich in dem der damals ebenfalls noch winzigen Bruderparteien der Spanier, Japaner, Bulgaren und – Russen protestierte sie gegen einen Versuch, *die Kongreßmitglieder in aktive und passive zu scheiden und sozusagen ein europäisches Konzert der sozialistischen Großmächte zu*

80

Rosa zwischen dem Japaner Sen Katajama und dem Russen Georgij Plechanow. Neben ihr der Österreicher Dr. Victor Adler. Amsterdam, 1904

bilden, das allein das Recht hat, über grundlegende Fragen des internationalen Sozialismus zu entscheiden[155]. Die Ironie der Weltgeschichte wollte, daß der russische Antragsteller der von Rosa vertretenen Entschließung zugunsten der Zwergparteien eben jener Georgij Plechanow war, der 1893 mitgeholfen hatte, sie aus dem Züricher Kongreßsaal zu verweisen.

Nicht immer ging es bei diesen *Schlachten* (wie Rosa sie in dem uns schon bekannten Gefängnisbrief an Kautsky nannte) so dramatisch her. Als Rosas Widerpart Jaurès, «der französische Bebel»[156], seine Rede von der «Citoyenne Rosa Luxemburg» übersetzen ließ, führte er diese Tatsache als sichtbare Probe dafür an, daß man «den Kampf und die Zusammenarbeit vereinen»[157] könne. Dr. Ludwig Frank (Sozialdemokrat und Jude, fiel er im Weltkrieg als erstes Reichstagsmitglied an der deutschen Front) hielt in einer recht anschaulichen Reportage fest, wie «zwischen den lachenden, lärmenden Menschen» am Ende des Kongresses die «Unterschriftenjäger» besonders die «arme Rosa Luxemburg» immer wieder plagten und wie sie «mit einer Geduld, die mich bei ihr überraschte»[158], Dutzende von Postkarten signierte. Dann kam 1907 der erste Internationale Sozialistenkongreß auf deutschem, nämlich Stuttgarter Boden, und erneut vervielfachte Rosa sich. «Mit lebhaftem Beifallklatschen begrüßt»[159], übersetzte sie bei einem sonntäglichen Massenmeeting auf dem Cannstatter Wasen die Ansprache des Belgiers Émile Vandervelde. Zur allgemeinen Heiterkeit verdolmetschte sie auch das Gespött des Franzosen Gustave Hervé über die von ihm gesichteten deutschen Proletarier – «es sind alles gute, zufriedene und satte Spießbürger –»[160], rief aber ein speziell bei ihr verständliches *Nein* oder *Non*[161] dazwischen, als Hervé den Deutschen vorwarf, sie hätten Angst vorm Gefängnis.

81

19. IV. 07

Chér Camarade!

Ci-joint quelques lignes
pour votre Socialiste du Illia.
J'éspère de pouvoir vous
serrer la main bientôt –
au 1er d'Août! En
attendant acceptez
mes meilleures. Saluta –
tions pour vous et
tous nos amis.

Bien à vous

Rosa Luxembourg

*Vladimir I. Uljanov (Lenin). Rosa an Clara Zetkin:
«Merk dir diesen eigensinnigen Schädel.» (Stuttgart 1907)*

*Rosas Brief an den Sekretär der Sozialistischen Partei Frankreichs
Bracke (A. M. Desrousseaux), 19. April 1907*

Georg von Vollmar

Höhepunkt dieser Tagung war der 21. August, als Lenin Rosa eines der beiden russischen Mandate für die Unterkommission zur Haltung in der Kriegsfrage anbot und Rosa als Bannerträger dreier Ländergruppen, der deutschen, polnischen und russischen, die Geister der toten slawischen Kämpfer heraufbeschwor. *Wenn hier die blutigen Schatten der Revolutionäre wären,* rief sie aus, *so würden sie sagen:* «*Wir schenken Euch Eure Huldigung, aber lernt von uns!*» ...*Ich muß mich gegen Vollmar und leider auch gegen Bebel wenden, die sagten, wir wären nicht in der Lage, mehr als bisher zu tun. Größeres war möglich, indem wir die Agitation im Kriegsfalle nicht bloß auf die Beendigung des Krieges gerichtet wissen wollen, sondern auch auf die Ausnutzung des Krieges zur Beschleunigung des Sturzes der Klassenherrschaft überhaupt*[162].

Wie immer man Rosas komplexe Persönlichkeit beurteilen mag: hier lag ihre geschichtlich bedeutsamste Tätigkeit. Auf Rosas Drängen hin beschloß der Internationale Sozialistenkongreß zu Kopenhagen im Herbst 1910, *daß das Internationale (Sozialistische) Bureau auf eine möglichst einheitliche Demonstration gegen das Vorgehen des Zarismus in Finnland hinwirken*[163] sollte. Mehrmals intervenierte sie auf diesem Kongreß für die Rechte der kleineren Parteien – für die Socialist Labor Party in den USA, für die Anerkennung von tschechischen, von ungarischen Delegierten, die mit ihren eigenen Sektionen Streit hatten. Sie, deren Partei zur Zeit des Ende November 1912 in Basel zusammentretenden Außerordentlichen Internationalen Sozialistenkongresses als erste der vier polnischen Parteien, deren Namen noch vor demjenigen Karskis im «Bulletin Périodique du Bureau Socialiste International» aufgeführt wurde, vergaß offenbar nicht, aus welch winzigen Anfängen sie sich emporgeschwungen hatte. Nun glänzte sie am Firmament des Sozialismus als Stern erster Größe. Es war ein Stern, der besser an den französischen Himmel gepaßt hätte als an den deutschen. Das erkannte schon

Julian B. Marchlewski

Camille Huysmans, der belgische Sekretär des ISB, und es erwies sich unter anderem in dessen Sitzung vom 29. Oktober 1912, als Rosa für den Fall der höchsten Gefahr *eine entscheidende revolutionäre Massenaktion* verlangte. Vergeblich. Die deutsche Sektion der Internationale hielt im Gegensatz zur französischen solche Kampfmittel für nicht öffentlich vertretbar. Doch auch mit Lenin und den übrigen Bolschewiki, die im Krieg den willkommenen Geburtshelfer der Revolution erblickten, waren die Beziehungen der allgemein bekannten Wortführerin der Linken in der Internationale am Vorabend des Weltkonflikts, wie eine der Studien von Georges Haupt enthüllt, gespannt und kompliziert. *Mit Tatsachen, die mehr sagen als alle Reden,* wollte sie in der letzten Sitzung des Büros, zu einem Zeitpunkt, als sie die Entschlossenheit der deutschen Regierung zum Äußersten noch nicht erkannte (Ende Juli 1914), der Gefahr eines Weltbrandes begegnen. Sie war es, die am Schluß der zweitägigen Zusammenkunft, ehe man sich bis zu einem nicht mehr stattfindenden Kongreß des pazifistischen Proletariats in Paris verabschiedete, eine wiederum einstimmig angenommene Entschließung

Jean Jaurès

Rosa Luxemburg bei einer Rede auf dem Sozialistenkongreß in Stuttgart, 1907

vorschlug. *Das Internationale Sozialistische Bureau drückt dem russischen Proletariat seine tiefe Anerkennung für sein revolutionäres Verhalten aus und fordert es auf, in seinen heldenhaften Bemühungen gegen den Zarismus nicht nachzulassen, da sie die wirksamste Garantie gegen den drohenden Weltkrieg sind.*[164]

Es war nur folgerecht, daß Jaurès auf dem internationalen Meeting gegen den Krieg, das am ersten Sitzungstag in Brüssel stattfand, auf eine Friedenskundgebung von 100 000 Berliner Männern hinwies und danach eine Verneigung vor der stumm, skeptisch und Leid ahnend Dasitzenden für geboten hielt: «Vous me permettez de saluer encore la femme vaillante Rosa Luxemburg qui fait passer dans le cœur du prolétariat allemand la flamme de sa pensée.»[165] [Sie gestatten mir noch, die tapfere Frau Rosa Luxemburg zu begrüßen, die die Flamme ihres Gedankens ins Herz des deutschen Proletariats versetzt.] Daß die Herzoperation erfolglos verlief, sollte Millionen von Menschen das Leben kosten.

EIN TAUBENHERZ HINTER GITTERN

Ich denke an Figaro. Ja u(nd) füttere fleissig Kohlmeisen u(nd) El-
stern. Den letzteren – mein einziges Auditorium hier –, bringe ich
die weltstürzendsten Ideen u(nd) Losungen bei, u(nd) lasse sie dann
wieder losflattern ... Aber zum Teufel, auch sie werden sicher schliess-
lich zu Scheidemann umschwenken.[166] So kündigt sich das nach zwei
Jahren Krieg nun langsam abrollende Drama Rosas an. Die aristo-
kratisch und bürgerlich geleiteten Völker zerfleischen sich gegenseitig.
Der gefangengesetzten Führerin der internationalen Arbeiterschaft,
die den militärischen Kampf in einen sozialen umwandeln will, scheint
wenig mehr übrigzubleiben als das Spiel ihrer Phantasie. In der
aber nistet bereits die Befürchtung, daß ein Philipp Scheidemann sie
besiegen könnte, der Mitsozialdemokrat, der mit einer ganz verschiedenen Perspektive von Anfang an für die Bewilligung der Kriegs-
kredite eintritt und beim Zusammenbruch des deutschen Kaiserreichs
die bürgerlich-demokratische Republik proklamieren wird. Es ist viel
geschehen, um der Himmelsstürmerin Furcht einzuflößen. Fünf Jahre nach Engels' Tod hat das Verschwinden der *grosszügigen, mar-*
kigen Figur Wilhelm Liebknechts, des einen der beiden Begründer
der deutschen Sozialdemokratie, sie *tief erschüttert* [167]. Die Revolution von 1905 bringt ihren engen polnischen Genossen, Kasprzak,
aufs Schafott. Ein Jahr vor Ausbruch des Weltkriegs stirbt Bebel. Rosa jedoch befindet sich nur deshalb nicht schon zu Beginn der Feind-
seligkeiten in Haft, weil ihr ein – abgewiesener – Revisionsantrag
Aufschub gewährt, während ein Aufenthalt im Hospital ihr einen
solchen nur auf dem Papier verschafft.

Steckt in Rosas vorübergehender Hospitalisierung vielleicht eine
bewußte oder unbewußte Flucht in die Krankheit? Dann führt sie
jedenfalls nicht zur Inaktivität. Mitte Februar 1915 wird sie verhaftet. März und April sind die Monate, in denen ihre *Junius*-Broschüre
entsteht. Mitte April erscheint das erste und einzige Heft der von
ihr und Mehring herausgegebenen, mit dem Namensfanal «Die Internationale» versehenen «Monatsschrift für Praxis und Theorie des
Marxismus». Ihretwegen wird den Herausgebern und (außer zwei
Randfiguren) der dritten im Bund, Clara Josefine Zundel, vormals
Clara Zetkin, auf Betreiben der Generalkommandantur des VII. Ar-
meekorps flugs ein Gerichtsverfahren angehängt. Vergleicht man,
wie die Hauptmitverschworenen auf die Verfolgung reagieren – der
alte Mehring muß ins Gefängnislazarett, Clara, die Frauenrechtle-
rin, seit Jahren eine Freundin Rosas, sogar ins Irrenhaus –, und be-
denkt man, daß jener andere Bedeutende im Fähnlein der Aufrechten,
Wilhelm Liebknechts Sohn Karl, erst nach der berühmten Berliner

87

Karikatur im «Wahren Jakob» zum Frankfurter Prozeß, 25. Juli 1914

Mai-Demonstration von 1916 verhaftet wird, so zeigt sich, daß der durch Selbstdisziplin gestählte Krüppel aus Polen Deutschlands zähester Friedenskämpfer ist.

Dennoch, die «Sicherheitshaft», durch die Rosa nach nur viereinhalb Monaten Freiheit vom 10. Juli 1916 bis 8. November 1918 wieder angekettet wird, färbt ihr ehemals tiefschwarzes, während der

*Verurteilung Rosas in der Sicherheitshaft
zu zehn Tagen Gefängnis,
25. Januar 1917*

14

Bei allen Eingaben ist die
nachbezeichnende Geschäfts-
nummer anzugeben

Geschäfts-nummer

136 J 565 16

11

Im Namen des Königs!

In der Strafsache gegen die Schriftstellerin Dr. Rosa Luxemburg geschieden Lübeck zur Zeit Südende, Lindenstr. 104, Bd. 2, z. Zt. im Zentralgefängnis in Wronke, geboren am 25. Dezember 1870 zu Zamosc in Polen, dissident,

wegen Beleidigung

hat das Königliche Schöffengericht zu Berlin-Mitte, Abteilung 136, in der Sitzung vom 25ten Januar 1917, an welcher teilgenommen haben

Amtsgerichtsrat Wagler
als Vorsitzender

Bestigkeit,
Bösinger,
als Schöffen

Staatsanwalt Kohrlack
als Beamter der Staatsanwaltschaft

Sekretär Obermeyer
als Gerichtsschreiber,

für Recht erkannt

Die Angeklagte wird wegen Beleidigung zu 10 zehn Tagen Gefängnis kostenpflichtig verurteilt.

Gründe.

Die Angeklagte ist beschuldigt, zu Berlin-Mitte am 22. September 1916 den Kriminalschutzmann Palmström grob und tätlich beleidigt zu haben, indem sie zu ihm rief: „Sie sind ein ganz erbärmlicher Lump und Schweinehund." Machen Sie, daß Sie fortkommen und indem sie einen Kübel nach ihm warf

nws.

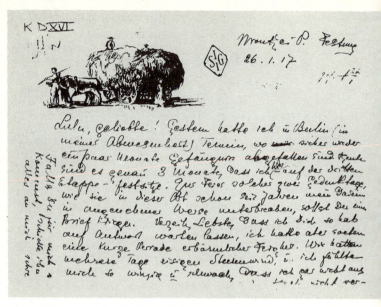

Brief Rosas an Luise Kautsky, 26. Januar 1917

Warschauer Revolution grau gewordenes Haar weiß und hinterläßt auch in ihrer Seele Spuren. Wie sollte diese Vorform der sogenannten Schutzhaft des Dritten Reichs sie auch nicht affizieren, zumal die ihrem Heim Entrissene mehrfach per Militärtransport den Haftort zu wechseln hat? Hinzu kommt, daß die wegen der Zeitschrift gegen sie erhobene Anklage bis zur endlichen Verjährung wie ein Damoklesschwert über ihr hängt und die Haft durch interne Strafmaßnahmen verschärft wird. Kein Wunder also, daß der Kampfesübermut abnimmt, mit dem sie einst – ohne Erfolg – die Anklage wegen Aufforderung zum Ungehorsam und zu strafbaren Handlungen in jener «Ein Sozialdemokrat flieht nicht»-Rede zurückgewiesen hat, die recht viele in- und ausländische Schulbücher aufnehmen müßten, um die Gesinnung der stärksten Partei des deutschen Kaiserreichs zu kennzeichnen. Kurz darauf – Anfang März 1914 – hat sie vor etwa 4000 Freiburger Männern und Frauen das ihr zudiktierte Strafmaß verlachen können. *Was heißt ein Jahr Gefängnis! Mit solchen Lappalien lassen wir uns nicht schrecken, denn dieser Prozeß hat uns eine unschätzbare Lehre für die aufklärende Arbeit geliefert. Ich sage Ihnen im Geheimnis: auch zwei Jahre wären mir nicht zu viel!*[168] Doch praktisch wird ihr Strafmaß nicht nur verdoppelt, sondern mehr als verdreifacht.

Das Herz krampft sich einem zusammen, wird man Zeuge ihrer gelegentlichen Schwächezustände. *Lulu, geliebte!* schreibt Rosa Ende Januar 1917 aus der Festung Wronke im fernen Posen, *heute sind es genau 3 Monate, dass ich hier – auf der dritten Etappe – festsitze ... Verzeih, Liebste, dass ich Dich so hab auf Antwort warten lassen, ich hatte aber soeben eine kurze Periode erbärmlicher Feigheit. Wir hatten mehrere Tage eisigen Sturmwind, u(nd) ich fühlte mich so winzig u(nd) schwach, dass ich gar nicht aus der Bude ging, damit mich die Kälte nicht vernichtet. In sothaner Stimmung wartete ich natürlich mit Sehnsucht auf einen herzhaften warmen Brief, aber meine Freunde warten leider immer nur auf Anstoss u(nd) Auftakt von mir. Niemand hat je von selbst einen forschen, guten Einfall, um mir zu schreiben, – ausser Hänschen, der aber wohl schon etwas müde, seit 2 1/2 Jahren Briefe zu schreiben, «die sie nicht erreichten» u(nd) die nicht beantwortet werden.*[169] Hänschen, das ist der im Vergleich zu Rosa noch junge Mediziner und Literat Hans Diefenbach. In den Kriegsjahren tritt er als scheuer Verehrer Rosas Konstantins Nachfolge an und bekommt als besonderer Vertrauter schon am Ende der ersten Januar-Woche von ihr zu hören, daß sie sich arm und verlassen vorkomme. Anfang Februar weint Rosa sich abermals wie ein Kind bei Luise aus. *Ich bin in der Tat ein wenig wie ein Mensch ohne Haut geworden: ich erschauere vor jedem Schatten, der auf mich fällt. Es scheint, dass das Jahr Barnimstr(aße) u(nd) dann die 4 Monate rasende Arbeit u(nd) nun wieder 7 Monate Einsamkeit auf verschiedenen Etappen nicht spurlos vorübergegangen sind.* Vor ihr, so rechnet Rosa sich aus, liegen weitere 7 Monate Einsamkeit. *Wenn ich aber wieder bei Euch bin, dann nimmst Du mich, wie üblich, in dem grossen tiefen Sessel auf den Schoss, ich vergrabe meinen Kopf auf Deiner Schulter, u(nd) Hans (Kautsky) spielt uns die Mondscheinsonate oder den 2. Teil der pathétique vor. Dann wird alles wieder gut.*[170]

Wird alles wieder gut? Als das Jahr sich seinem Ende zuneigt, ist der Freund in Frankreich gefallen. *Ich möchte nur jetzt mit Dir u(nd) Hans sein können, weil mir ist, als ob die Atmosphäre der Liebe, die zwischen uns dreien um seine Person webt, ihn irgendwie doch lebendig erhielte.*[171] Und im nächsten Brief: *Ich lebe im Gegenteil weiter in dem Traum, dass er da ist, ich sehe ihn lebendig vor mir, plaudere mit ihm in Gedanken über alles, in mir lebt er weiter. Gestern hat man mir meinen Brief an ihn vom 21.10. zurückgeschickt, das ist schon der Zweite.*[172] Dann erfährt Rosa, daß sie von *Hannes, von unserem lieben, zarten, reinen Jungen, wie es keinen zweiten in der Welt gebe, für Lebenszeit die Zinsen von 50 000 M.*

91

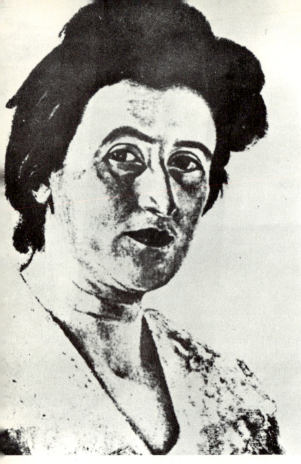

Selbstporträt Rosas für Hans Diefenbach.
«Ein Klumpen von Lumpen.»

vermacht bekommen hat. Es ist keine reine Freude aus dem Jenseits. Denn der Freund hat sie mit dem ausdrücklichen *Verbot* belegt, *bis zu meinem seligen Ende über die Summe zu verfügen (vor Besorgnis, wie er schrieb, ich möchte das Geld sofort für Parteizwecke ausgeben). Diese 50 000 M., über die ich keinerlei Verfügung besitze, haben sich auch noch durch Anlegung in Werthpapieren in 45 000 verwandelt u*(nd) *von diesen geht mir die voraussichtliche Nutzniessung von 4 % zu. Das ist alles, – wie Du siehst, kaum die Hälfte von dem, was meine Unterhaltungs-Kosten hier u*(nd) *meine Wohnung in Südende ausmachen.*[173]

*Hans Diefenbach.
Gemälde von Rosa Luxemburg*

Der kaiserlich-deutsche Staat erwartet also von seinem des normalen Verdienstes beraubten Bürger, daß er selbst bezahlt für eine «Siherheitshaft», die er zu «verbüßen»[174] hat. Und Rosas Wirtin findet es ihrerseits offenbar ganz in der Ordnung, die Jahresmiete ihrer im Kerker hausenden Mieterin auf 900 Mark zu steigern. Hinzu kommt die Ungewißheit über das Schicksal der wenigen Menschen, die Rosa noch verbleiben. *Klara schweigt schon seit langer Zeit, hat nicht einmal für den Geburtstagsbrief gedankt, was bei ihr unerhört ist*, klagt sie Luise Ende Juli 1918 und fügt hinzu: *Kannst Du Dir ausdenken, was das wäre, wenn einem ihrer Jungen oder gar Beiden was zustossen würde? Beide sind jetzt an der Front, – u(nd) es giebt jetzt dort schlimme Tage... Ich habe zu allem Muth, was mich selbst betrifft, – Anderer Leid ertragen, gar Klara's, wenn «Gott behüte» was passieren sollte – dazu fehlt mir Muth u(nd) Kraft.*[175]

Zu welchen Flügen dieses «Taubenherz»[176] – so tauft Schulz einmal Rosa – in jenen Jahren dennoch Mut und Kraft findet, ist eigentlich unbegreiflich. Während der Justizminister, der Düsseldorfer Regierungspräsident, der Berliner Polizeipräsident, der Oberstaatsanwalt, der Oberreichsanwalt, das Kammergericht in Berlin, das Land-

Aus Rosas Botanisierheften. «Vom Mai 1913 an etwa 250 Pflanzen eingetragen.» (An Mathilde Jakob, 9. April 1915)

gericht in Frankfurt, die Münsteraner und die Breslauer Kommandantur, das Oberkommando in den Marken sowie der 1. und 2. Senat des Reichsmilitärgerichts drei Aktenbände mit der «Strafsache Rosa Luxemburg und Genossen» füllen und ihr mit Vorladungen, Verhören und Anklageschriften zusetzen, pflegt sie eine Korrespondenz, in der ein ganzer Mikrokosmos seine Bahnen zieht. Klassische und zeitgenössische, wissenschaftliche und schöngeistige Literatur, Partei- und Weltpolitik, Bulletins über ihr physisches und psychisches Befinden, Aufzeichnungen über ihre Träume, Nachrichten (und ein wenig Klatsch) über Verwandte und Bekannte, Angaben über die äußeren Verhältnisse ihrer Gefangenschaft und das in ihrem Umkreis vor sich gehende Leben, Erinnerungen und Zukunftsbilder, die Erörterung aller erdenklichen Anfragen und Antworten, persönlicher Rat, persönliches Lob und persönlichster Tadel: das alles trifft man dort an, zumeist sorgfältig ziseliert und dennoch lebendig. Ein Gebiet für sich bilden die Beobachtungen von Tieren, Pflanzen und Landschaftselementen. Am bekanntesten ist wohl Rosas Schilderung der mißhandelten rumänischen Büffel geworden. Doch auch manche Skizze der als Botschafter ihrer Stimmungen dienenden beflügelten Wesen, der Amseln, Meisen, Elstern, Lerchen, Rotkehlchen, Tauben, Schwalben, Spatzen und Zugvögel, der Falter, Hummeln und Wespen, dazu das, was sie von Birken und Pappeln, Fichten und Rüstern, Flieder, Taubnesseln, Hyazinthen und Akazien, von Früchten und Wintersaaten zu schreiben weiß, lebt im Gedächtnis der ungezählten Leser ihrer veröffentlichten Briefe weiter. Deren Edierung und Datierung ist bis heute freilich so unbefriedigend, daß wir uns hier auf ein einziges, durch seine Vielschichtigkeit jedoch unvergleichliches Beispiel beschränken.

Am 16. Juli 1917 niedergeschrieben, gestehen diese Zeilen Rosas auf dem Umweg über ihren letzten Geliebten jedem Mitmenschen, daß nur eines die Eingekerkerte wahrhaft quält: ... *daß ich a l l e i n soviel Schönheit genießen soll. Ich möchte laut über die Mauer hinausrufen: O, bitte beachten Sie doch diesen herrlichen Tag! Vergessen Sie nicht, wenn Sie noch so beschäftigt sind, wenn Sie auch nur in dringendem Tagewerk über den Hof eilen, vergessen Sie nicht den Kopf zu heben und einen Blick auf diese riesigen silbernen Wolken zu werfen und auf den stillen blauen Ozean, in dem sie schwimmen. Beachten Sie doch die Luft, die von leidenschaftlichem Atem der letzten Lindenblüten schwer ist, und den Glanz und die Herrlichkeit, die auf diesem Tage liegen, denn dieser Tag kommt nie, nie wieder! Er ist Ihnen geschenkt wie eine vollaufgeblüte Rose, die zu Ihren Füßen liegt und darauf wartet, daß Sie sie aufheben und an Ihre Lippen drücken.*[177] Wer wäre so unempfindlich, nicht zu begreifen, daß die-

Fliederstrauch im Gefängnishof, von Rosa gepflanzt

se Rose auch den Namen einer durch neun Gefängnisse geschleppten Frau trägt?

Allerdings behält Rosa in jeder Lebenslage ihre Vorstellung davon, wie ihre Landsleute und namentlich die Genossen sich verhalten sollen. Wird sie in der Hinsicht enttäuscht, dann sind ihre «mandelförmigen Samtaugen» imstande, Blitze zu schleudern. Man muß das ganze Gewitter, in das Tilde (Wurm) unvermutet Ende 1916 gerät, vom ersten bis zum letzten Donner, an sich vorbeiziehen lassen. Sie will Mathildes Weihnachtsbrief beantworten, solange sie noch den Zorn verspürt, den er bei ihr erregt hat. *Ja, Dein Brief hat mich fuchsteufelswild gemacht, weil er mir, so kurz er ist, in jeder Zeile zeigt, wie sehr Du wieder ganz im Bann Deines Milieus stehst. Dieser heulmeierische Ton, dieses Ach und Weh über die «Enttäuschungen», die Ihr erlebt habt – angeblich an Anderen, statt nur selbst in den Spiegel zu blicken, um der Menschheit ganzen Jammer in treffendstem Konterfei zu erblicken! Und «wir» bedeutet jetzt in Deinem Munde Deine sumpfige Froschgesellschaft, während es Dir früher, wenn Du mit mir zusammenwarst, m e i n e Gesellschaft bedeutete. Dann wart, ich werde Dich per «Ihr» behandeln.* Und nun wütet der Orkan gegen die, welche ihre Freiheit besitzen, aber nichts damit anzufangen wissen. *Ihr seid mir «zu wenig draufgeherisch», meinst Du melancholisch. «Zu wenig» ist gut! Ihr seid überhaupt nicht «geherisch», sondern «kriecherisch». Es ist nicht ein Unterschied des Grades, sondern der Wesenheit. «Ihr» seid überhaupt eine andere zoologische Gattung als ich, und nie war mir euer griesgrämiges, sauertöpfisches, feiges und halbes Wesen so verhaßt, wie jetzt. Das «Draufgängertum» würde euch schon passen, meinst Du, bloß wird man dafür ins Loch gesteckt und «nutzt dann wenig». Ach, Ihr elende Kleinkrämerseelen, die Ihr bereit wäret, auch ein bißchen «Heldentum» feilzubieten, aber nur «gegen bar», und sei es um verschimmelte drei Kupferpfennige, aber man soll gleich einen «Nutzen» auf dem Ladentisch sehen. Und das einfache Wort des ehrlichen und geraden Menschen: «Hier steh ich, ich kann nicht anders, Gott helf mir», ist für euch nicht gesprochen. Ein Glück, daß die bisherige Weltgeschichte nicht von Euersgleichen gemacht war, sonst hätten wir keine Reformation und säßen wohl noch im ancien régime. Was mich anbelangt, so bin ich in der letzten Zeit, wenn ich schon nie weich war, hart geworden wie geschliffener Stahl und werde nunmehr weder politisch noch im persönlichen Umgang auch (nur) die geringste Konzession machen. Wenn ich mich nur an die Galerie Deiner Helden erinnere, so ergreift mich der Katzenjammer: der süße (Hugo) Haase, der (Wilhelm) Dittmann mit dem schönen Bart und den schönen Reichstagsreden, der schwankende Hirte Kautsky, dem Dein Emmo*

Mathilde Wurm

natürlich getreu durch alle Höhen und Tiefen folgt, der herrliche Arthur (Stadthagen), *– ah, je n'en finirai* [ach, ich kann sie gar nicht alle aufzählen]. *Ich schwöre Dir: lieber sitze ich jahrelang – ich sage nicht hier, wo ich's nach allem wie im Himmelreich habe, sondern lieber in der Spelunke am Alexanderplatz, wo ich in der 11 cbm großen Zelle, morgens und abends ohne Licht, eingeklemmt zwischen das C (aber ohne W) und die eiserne Pritsche, meinen Mörike deklamierte, als mit Euren Helden zusammen mit Verlaub zu sagen «kämpfen», oder überhaupt zu tun zu haben! Dann schon lieber Graf Westarp, – und nicht deshalb, weil er von meinen «mandelförmigen Samtaugen» im Reichstag redete, sondern weil er ein M a n n ist.*

Diesem Sturmgebraus folgt ein allmählich an Stärke abnehmender Wortregen, und zuletzt bricht die Sonne der Versöhnung aus dem Gewölk hervor. *Ich sage Dir, sobald ich wieder die Nase hinausstekken kann, werde ich Eure Froschgesellschaft jagen und hetzen mit Trompetenschall, Peitschengeknall und Bluthunden, – wie Penthesilea, wollte ich sagen, aber Ihr seid bei Gott keine Achilleus. Hast Du jetzt genug zum Neujahrsgruß? Dann sieh, daß Du M e n s c h bleibst: Mensch sein ist vor allem die Hauptsache. Und das heißt: fest und klar und h e i t e r sein, ja heiter trotz alledem und alledem, denn das Heulen ist Geschäft der Schwäche. Mensch sein heißt sein ganzes Leben «auf des Schicksals großer Wage» freudig hinwerfen, wenn's sein muß, sich zugleich aber an jedem hellen Tag und jeder schönen Wolke freuen, ach ich weiß keine Rezepte schreiben, wie man Mensch sein soll, ich weiß nur, wie man's ist, und Du wußtest es auch immer, wenn wir einige Stunden zusammen im Südender Feld spazieren gingen und auf dem Getreide roter Abendschein lag. Die Welt ist so schön bei allem Graus und wäre noch schöner, wenn es keine Schwächlinge und Feiglinge auf ihr gäbe. Komm, Du kriegst doch noch einen Kuß, weil Du doch ein ehrlicher kleiner Kerl bist. Prosit Neujahr!* [178] Ob die deutsche Briefliteratur einen noch schöneren Neujahrsgruß aufzuweisen hat als diesen?

In etwas sachlicherer Weise wird ihr Verteidiger, der Berliner Rechtsanwalt Dr. Siegfried Weinberg, aus der Haftzelle heraus von Rosa gescholten und geschoben. Wir verdanken diese Kenntnis einem Zensurbeamten, der Rosas Instruktionen einmal zum Nutzen der Gegenseite kopieren und zirkulieren läßt. Sie sind zunächst an eine dritte Mathilde in Rosas Leben, Mathilde Jakob, geschickt worden, die ihr während der Haftjahre als eine Art Sekretärin dient. 125 an diese adressierte Mitteilungen, die größte Zahl der noch unveröffentlichten Gefängnisbriefe, sollen dereinst in die Luxemburg-Kollektion der Hoover Institution on War, Peace, and Revolution wandern, aus der wir ein von einer Taubenfeder begleitetes Stück wiedergeben dürfen. Auch der Soennecken-Kalender, auf dem Rosa herausgehende Brief- oder Manuskriptsendungen und eingegangene Post vermerkt, ist schließlich in der konservativen Stanford University an der Westküste der USA gelandet. Der Abschrift des am 16. September 1916 «von der Luxemburg an ihre Freundin» gerichteten Schreibens zufolge, die dem «Herrn Ersten Staatsanwalt Düsseldorf» vom Chef des Stabs beim Oberkommando in den Marken, v. Berge, «zur gefälligen Kenntnisnahme ergebenst übersandt»[179] wird, äußert Rosa zuerst ihre bittere Enttäuschung darüber, daß Mathilde am vorhergehenden Freitag nicht gekommen sei.

Nun ist auch noch *eine Mitteilung* aus dem Weinbergschen Büro eingetroffen, die *eine Verständigung* mit Mathilde *dringend notwendig macht. Bis zum nächsten Freitag kann aber damit nicht gewartet werden. So versuche ich's, auf diesem Wege, – mögen die Götter wissen, wann Sie diese Zeilen kriegen!* Weinbergs Vertreter hat soeben mitgeteilt, daß am 4. Oktober in Düsseldorf, dem Druckort der «Internationale», ein Termin stattfindet, und hinzugefügt: «Sie müssen in diesem Termin pünktlich zur Stelle sein. Genaue Nachrichten über die Sache werden Ihnen nach Erledigung der an das Gericht gerichteten Anfragen zugehen.» *Daraus scheint klar, 1.) daß der gute Mann keine Ahnung davon hat, daß der Termin gar nicht stattfinden kann, wenn Klara mitgeladen ist, und daß wir gegen den Termin entschieden protestieren, falls Klara ausgeschieden wird; oder daß er in die Akten der Sache garnicht Einsicht genommen hat; 2.) er scheint ebenso wenig zu wissen, daß er gar keine «Anfragen» an das Gericht zu richten, sondern lediglich das ärztliche Attest Klaras einzusenden und zugleich gegen die evtl. Trennung unserer Anklage von der ihrigen Verwahrung einzulegen hatte; 3.) daß er überhaupt keine «Anfragen» oder Eingaben an das Gericht machen darf, ohne sich mit mir vorher zu verständigen und 4.) daß er die Pflicht hat, mir sofort von allem, was er an das Gericht abgehen läßt, mir die genaue Abschrift zukommen zu lassen. Da ich mit dem Bureau von hier aus per Schneckenpost nicht korrespondiern kann, so bitte ich Sie, sich mit dem Bureau zu verständigen, ihm die obigen Punkte klar zu machen und durchzusetzen, daß ich u n v e r z ü g l i c h eine Abschrift der an das Gericht gemachten Eingaben (auch in Klaras Namen) kriege. Die vor 2 Wochen von mir erbetenen Abschriften der vorjährigen Eingaben sind mir auch nicht zugeschickt worden. Sagen Sie, bitte, den Leuten, daß wenn ich nicht sofort aufs genaueste von dem Stand der Sache informiert werde, ich postwendend meine Vollmacht dem Weinberg'schen Bureau entziehen werde. Fragen Sie zugleich direkt bei Klara an, ob sie bereits ihr Attest nach Düsseldorf geschickt hat und ob irgend ein Bescheid darauf erfolgt ist. Und als zarter Punkt aufs große «I» dieser befehlsähnlichen Instruktionen: Ich umarme Sie und Mimi.*[180]

Wie Rosa sich selbst verteidigt, an einer Stelle vielleicht etwas zu herausfordernd und an einer anderen vielleicht etwas zu höflich, immer aber, und wie wir gesehen haben, mit Erfolg, unter Anwendung einer dilatorischen Taktik, enthüllen uns die Akten. Bei der in einem «geeigneten Raum»[181] des Frauengefängnisses am 1. Juli 1915 vom Königlichen Amtsgericht Berlin-Mitte durchgeführten Verhör der Voruntersuchung erklärt die Beschuldigte auf die Frage, ob Sie auf die Beschuldigung etwas erwidern wolle: *Ich bin die Mitherausgeberin der inkriminierten Monatsschrift und habe den ersten Artikel derselben «Der Wiederaufbau der Internationalen» verfaßt. Ich muß nun zunächst um Zurverfügungstellung eines Exemplars der inkriminierten Monatsschrift bitten, schon deshalb, weil ich außer meinem eigenen Artikel den Inhalt der Schrift nicht kenne, wenngleich ich natürlich die Verantwortung des Inhalts trage. Die Schrift ist nach meiner am 18. II. 15 erfolgten Verhaftung erschienen und mir nicht zu Gesicht gebracht worden.*[182] Am 27. des Monats setzt sie in Gegenwart eines Richters dem hinzu: *Wer die Geldgeber zur Herausgabe der Zeitschrift gewesen sind, weiß ich nicht. Ich würde ihre Namen auch nicht nennen, wenn sie mir bekannt wären.*[183] Ende Oktober 1916 jedoch *ersucht* sie in einem längeren − zunächst abgelehnten − Antrag auf Aufhebung des Hauptverhandlungstermins *ergebenst* um möglichst baldigen Bescheid durch direkte Zustellung. Um was sich ihre Verteidigung jetzt dreht, erläutert am besten folgender Absatz: *Am 26. dieses bin ich durch Verfügung des Oberkommandos in den Marken nach der Festung Wronke übergeführt worden. Mein Vertheidiger Dr. Siegfried Weinberg ist im Felde. Die Heranziehung eines neuen Vertheidigers ist mir von hier aus unmöglich. Auch für meine eigene Vorbereitung zur Selbstvertheidigung fehlt jedwede Unterlage, da ich weder im Besitze der Anklageschrift, noch der zur Anklage stehenden Zeitschrift, noch auch irgendwelcher juristischer*

Brief mit Taubenfeder für Mathilde Jakob, 14. August 1917

Hilfsmittel bin, ihre rechtzeitige Herschaffung aber bei der gekennzeichneten Verzögerung meines Briefverkehrs ausgeschlossen erscheint.[184]

Anderthalb Jahre nach der Anordnung der Beschlagnahme aller irgendwo zum Zweck der Verbreitung befindlichen Exemplare des ersten Hefts jener gefürchteten Druckschrift ist ihrem Verantwortlichen, der sich verantworten soll, das Corpus delicti noch nicht einmal vorgelegt worden! Ein Jahr später zeigen sich im östlichen Nachbar- und Feindesland die Risse, die das Gebäude der kaiserlichen Justiz zuletzt auch in Deutschland zum Einsturz bringen werden.

Die Internationale
Eine Monatsschrift für Praxis und Theorie des Marxismus

April 1915   **Ausgegeben am 15. April 1915**   **Heft 1**

Nachdruck der Artikel nur mit Quellenangabe gestattet

Zur Einführung.

Diese Monatsschrift verdankt ihre Entstehung der Genossin Luxemburg. Sie hatte bereits den einleitenden Aufsatz über den Wiederaufbau der Internationalen verfaßt und mehrere Mitarbeiter geworben als sie ein Opfer des berühmten Burgfriedens wurde. Sie ist dadurch auf Jahr und Tag ihrer öffentlichen Wirksamkeit entrissen worden, aber diese ehrenvolle Auszeichnung mußte ihre Parteifreunde um so mehr anspornen, das von ihr begonnene Werk fortzuführen, bis sie der Fesseln entledigt ist, die sie an jeder Mitwirkung hindern.

Unsere Aufgabe ist die gleiche, wie die Aufgabe der ersten, internationalen Monatsschrift, die Karl Marx herausgab: Selbstverständigung über die Kämpfe der Zeit. Diese Selbstverständigung ist notwendig geworden durch die unheilvolle Verwirrung, die die Wirbel des Weltkrieges in der internationalen und zumal in der deutschen Arbeiterwelt hervorgerufen haben. So gilt es, von neuem, die einigende, sammelnde und stärkende Kraft zu erproben, die der Marxismus noch in jeder Schicksalsstunde des proletarischen Emanzipationskampfes bewährt hat.

Das Bekenntnis zu seiner Praxis und Theorie ist das einfache Programm dieser Zeitschrift.

Der Wiederaufbau der Internationalen.

Von Rosa Luxemburg.

I.

Am 4. August 1914 hat die deutsche Sozialdemokratie politisch abgedankt und gleichzeitig ist die sozialistische Internationale zusammengebrochen. Alle Versuche, diese Tatsache zu leugnen oder zu verschleiern, haben, gleichviel aus welchen Motiven sie hervorgehen mögen, objektiv nur die Tendenz: jene verhängnisvollen Selbsttäuschungen der sozialistischen Parteien, jene inneren Gebrechen der Bewegung, die zum Zusammenbruch geführt haben, zu verewigen, zum bewußten Normalzustand zu erheben, die sozialistische Internationale auf die Dauer zur Fiktion, zur Heuchelei zu machen.

SPARTAKUS

Wenn Rosa irgendeinem Land zu Dank verpflichtet war, dann war es die Schweiz. Dort hatte sie eine für ihre spezielle und weitere Berufsarbeit unschätzbare Hochschulausbildung und die für ihre Karriere in Deutschland unerläßlichen Heiratspapiere erlangen können. Dort war es ihr und den wenigen, dafür aber profilierten Kampfgenossen auch möglich, die Ehre der SPD und der von ihr vertretenen Deutschen zu retten. Sie taten das, indem sie öffentlich ihre Empörung darüber zu erkennen gaben, *daß der Viermillionen starke Körper sich auf Kommando einer Handvoll Parlamentarier in vierundzwanzig Stunden wenden und vor einen Wagen spannen ließ, gegen den Sturm zu laufen sein Lebensziel war* [185]. (So drastisch formulierte Rosa es erst in dem Anfang Februar 1915 entstandenen, brillanten Eröffnungsartikel der «Internationale».) Prominente Sozialdemokraten, wie Dr. Albert Oskar Wilhelm Südekum und Richard Fischer, hatten es unternommen, die Haltung der sozialdemokratischen Parteiführung in der Parteipresse des Auslands zu rechtfertigen. *Wir sehen uns dadurch gezwungen,* bekundeten Liebknecht, Mehring und Clara mit Rosa schon Mitte September bzw. Ende Oktober 1914 in einem Berner Blatt, *an der gleichen Stelle zu erklären, daß wir und sicherlich viele andere deutsche Sozialdemokraten den Krieg, seine Ursachen, seinen Charakter sowie die Rolle der Sozialdemokratie in der gegenwärtigen Lage von einem Standpunkt betrachten, der demjenigen der Genossen Südekum und Fischer durchaus nicht entspricht. Der Belagerungszustand macht es uns vorläufig unmöglich, unsere Auffassung öffentlich zu vertreten.* [186] Es war ein Echo auf diese Erklärung sowie auf die gegen ihre weitere Antikriegsarbeit gerichteten Unterdrückungsmaßnahmen, daß die in Zimmerwald tagende Internationale Sozialistische Konferenz Rosa «den Ausdruck ihres tiefen und brüderlichen Mitgefühls» [187] entbot.

Einen Monat darauf erinnerte Grigorij Sinowjew in einem Aufsatz über «Die II. Internationale und das Kriegsproblem» daran, daß Rosa seinerzeit in Stuttgart der Subkommission als «Delegierte der russischen Bolschewiki» angehört hatte, und meinte, daß jetzt die «Genossen Junius, Liebknecht und Rosa Luxemburg» die «wahren Fortsetzer des Werkes von Engels» [188] seien. Der Bolschewik ahnte offensichtlich nicht, daß sich hinter «Junius» kein anderer verbarg als Rosa. Er übersah auch die Verschiedenheit ihrer Haltung zu den Slawen von derjenigen Engels'. Dieser hatte seine anfängliche Sla-

Erste Seite der Zeitschrift «Die Internationale», Heft 1, 15. April 1915

103

Vergehens- ~~Übertretungs-~~ Sache. Nach den Akten bestraft ~~unbestraft.~~
(Das Nichtzutreffende ist bei der Vorstrafenanfrage zu durchstreichen).

Auszug aus dem Strafregister

des ~~im~~ *Reichs Justizamt* zu *Berlin*

Familienname (bei Frauen Geburtsname):	*Luxemburg*
Vornamen (Rufname zu unterstreichen):	*Rosa*

Familienstand:	ledig	verheiratet	verwitwet	geschieden

Vor- und Familien-(Geburts-)name des (bzw. früheren) Ehegatten:	*Gustav Lübeck*
Des Vaters Vor- und Familienname:	*Eduard Luxemburg*
Der Mutter Vor- und Geburtsname:	*Lina geb. Löwenstein*

Geburts-	Tag:	25.	Geburts-	Gemeinde:	*Zamost*	Landgerichtsbezirk:
tag.	Monat:	12.	ort.	ev. Straße, Stadtteil:		Staat:
	Jahr:	1870		Verwaltungsbezirk:	*Russisch Polen*	

Wohnort: *Berlin in Haft*	ev. letzter Aufenthaltsort:
Stand (Beruf, Gewerbe): *Schriftstellerin Dr. jur.*	ev. Stand des Ehemanns:

Nr.	ist ausweislich des Registers nach Mitteilung von Aktenzeichen	am	verurteilt durch	wegen	auf Grund von	zu
1	*K.A. Posen 218/01*	*20/12.9 1901*	*L.G. Posen*	*öffentlicher Beleidigung*	*§ 186 St. G. B.*	*100 M. Geldstrafe ev. 10 Tg. Gef.*
2	*Frankfurt 2.A 242*	*16.1.04*	*L.G. Frankfurt*	*Majestätsbeleidigung*	*§ 95*	*3 Mon. Gef.*
3	*Breslau 406 12.12.00*		*L.G. Breslau*	*Anreizung ver-schiedener Klassen der Bevölkerung gegeneinander Berlin und einer öffentlichen Sache*	*§ 130*	*2 J.*
4	*K.A. Frankfurt 97 20/16*	*20.2.14*	*L.G. Frankfurt*	*Vergehen*	*§ 110*	*1 J. Gef.*

Strafregister der Rosa Luxemburg im Reichsjustizamt

wenfeindlichkeit abgebaut, nachdem er mit slawischen Sozialisten korrespondiert und sie an seine Londoner Tafelrunde gezogen hatte. Rosa diente von Anfang an als slawischer Brückenpfeiler zwischen der östlichen und der übrigen Zivilisation. Sinowjew stellte das übrigens später selbst fest, indem er erzählte, wie Rosa, «nachdem sie auf Bürgschaft aus der Warschauer Zitadelle befreit wurde, 1906 illegal nach Petersburg» kam, «wo sie in unseren Kreisen verkehrte und unter fremdem Namen diejenigen von uns, die damals verhaftet waren, in den Gefängnissen besuchte. Sie war im wahren Sinne des Wortes die Verkörperung unserer direkten und unmittelbaren Verbindung mit der damaligen sozialistischen Welt.» [189] Es wurde Rosas welthistorische Rolle, daß sie diese Funktion bis über das Grab hinaus beibehielt.

Das hatte sich schon früher manifestiert, als Rosa in einer großen Maifeierdebatte die Aufmerksamkeit des Nürnberger Parteitags auf den Osten zu lenken versuchte. *Ich bitte Sie*, rief sie damals, Mitte September 1908, aus, *einen Blick zu werfen nach einem Lande, wo die Arbeiter genau aus demselben Teig gemacht sind wie die deutschen Arbeiter, nach Russisch-Polen* (Widerspruch). *Wir haben dort in diesem Jahre wiederum in Warschau eine Maifeier gehabt, die einzig in der Welt dasteht. Sämtliche Fabrikarbeiter haben gefeiert. Es geschah dies nicht etwa auf dem Höhepunkt der Revolution, wo alle Geister hochfliegen. Wir haben seit längerer Zeit in Rußland und Russisch-Polen einen Niedergang, einen gewissen Stillstand der Revolution, der revolutionären Bewegung zu verzeichnen. Wir haben eine furchtbare wirtschaftliche Depression, eine kolossale geistige Depression, und trotz alledem hat man dort massenhaft den 1. Mai gefeiert.*[190] Unvergleichlich schwerer drückten die materiellen und intellektuellen Nöte das deutsche Proletariat in den Jahren des Ersten Weltkriegs. Und wieder rüttelte Rosa die Deutschen auf – dieses Mal mit der Anfang 1916 erscheinenden Broschüre *Die Krise der Sozialdemokratie* von Junius. Sie mahnte, *daß die Arbeiterklasse, je länger der Weltkrieg tobt, um so weniger seine treibenden Kräfte aus den Augen verlieren darf.* Und wirklich: mit ihrer Anwendung der von Marx und Engels entwickelten historisch-materialistischen Methode verstand sie auf knapp 100 Seiten den Gang der Entwicklung mit Hilfe einer sozialökonomischen und politischen Analyse treffend zu schildern und vorherzubestimmen. Sie zerstörte – nur acht Monate nach Kriegsbeginn – die beiderseitigen Legenden vom Verteidigungskrieg und entlarvte deutscherseits die Beherrschung der Türkei als das uneingestandene Ziel eines imperialistischen Angriffskriegs. Sodann prophezeite sie – über dreieinhalb Jahre vor Kriegsende –, daß *der Sieg Englands und Frankreichs für Deutschland*

105

I.

Die Szene hat gründlich gewechselt. Der Marsch in sechs Wochen nach Paris hat sich zu einem Weltdrama ausgewachsen; die Massenschlächterei ist zum ermüdend eintönigen Tagesgespräch geworden, ohne die Lösung vorwärts oder rückwärts zu bringen. Die bürgerliche Staatskunst sitzt in der Klemme, im eigenen Eisen gefangen; die Geister, die man rief, kann man nicht mehr bannen.

Vorbei ist der Rausch. Vorbei der patriotische Lärm in den Straßen, die Jagd auf Goldautomobile, die einander jagenden falschen Telegramme, die mit Cholerabazillen vergifteten Brunnen, die auf jeder Eisenbahnbrücke Berlins bombenwerfenden russischen Studenten, die über Nürnberg fliegenden Franzosen, die Straßenexzesse des spionenwitternden Publikums, das wogende Menschengedränge in den Konditoreien, wo ohrenbetäubende Musik und patriotische Gesänge die höchsten Wellen schlugen; ganze Stadtbevölkerungen in Pöbel verwandelt, bereit, zu denunzieren, Frauen zu mißhandeln, Hurra zu schreien und sich selbst durch wilde Gerüchte ins Delirium zu steigern; eine Ritualmordatmosphäre, eine Kischineff-Luft, in der der Schutzmann an der Straßenecke der einzige Repräsentant der Menschenwürde war.

Erste Seite der Erstausgabe der «Junius-Broschüre», Frühjahr 1916

höchstwahrscheinlich zum Verlust wenigstens eines Teiles der Kolonien sowie der Reichslande (Elsaß-Lothringen) *und ganz sicher zum Bankrott der weltpolitischen Stellung des deutschen Imperialismus* führen werde. Das bedeutete *die Zerstückelung Österreich-Ungarns und die gänzliche Liquidierung der Türkei ... die Verschacherung ihrer Länder und Völker an Rußland, England, Frankreich und Italien.* Ebenso prophetisch war das Pamphlet hinsichtlich Polens, wo ein paar unvergeßliche Sätze über die polnischen Juden erschienen, auch über Rußland. *Die hoffnungsvoll aufflatternde Fahne der Revolution ging im wilden Strudel des Krieges unter, – aber sie sank mit Ehren, und sie wird wieder aus dem wüsten Gemetzel aufflattern – trotz der «deutschen Gewehrkolben», trotz Sieg und trotz Niederlage des Zarismus auf den Schlachtfeldern.*

Meisterlich ist der Stil, mit dem Rosa aus der Fülle ihrer deutschen, östlichen und jüdischen Erlebnisse die Atmosphäre jener Tage einzufangen wußte. *Vorbei ist der Rausch. Vorbei der patriotische Lärm in den Straßen, die Jagd auf Goldautomobile, die einander jagenden falschen Telegramme, die mit Cholerabazillen vergifteten Brunnen, die auf jeder Eisenbahnbrücke Berlins bombenwerfenden russischen Studenten, die über Nürnberg fliegenden Franzosen, die Straßenex-*

zesse des spionenwitternden Publikums, das wogende Menschenge-dränge in den Konditoreien, wo ohrenbetäubende Musik und patrio-tische Gesänge die höchsten Wellen schlugen; ganze Stadtbevölke-rungen in Pöbel verwandelt, bereit, zu denunzieren, Frauen zu miß-handeln, Hurra zu schreien und sich selbst durch wilde Gerüchte ins Delirium zu steigern; eine Ritualmordatmosphäre, eine Kischineff-Luft, in der der Schutzmann an der Straßenecke der einzige Reprä-sentant der Menschenwürde war. Es war ein mit raschen, sicheren Strichen hingeworfenes Gemälde, wie es nur ein künstlerisch Begab-ter zustande bringt, der alles, was er anpackt, mit Wirklichkeitssinn, Intensität und Ausdrucksdrang betreibt. Die Stärke der zum Vor-schein kommenden Emotion, ein Entsetzen über den 4. August, das Rosa zeitweilig mit Selbstmordgedanken erfüllte, dürfte dafür ver-antwortlich sein, daß diese ihre wahrscheinlich wirksamste Schrift wurde. Lenin, der über die Hintergründe des Pseudonyms mit einer linkischen Bemerkung hinwegglitt, würdigte im Herbst 1916 in einem längeren kritischen Artikel «die überaus lebendig geschriebene Bro-schüre von Junius»[191]. Das Deutschland, das dieser Fortsetzer der bekannten Londoner Junius-Briefe des 18. Jahrhunderts vertrat, war für den genialen Russen unzweifelhaft das Gegenteil eines Feindes-landes.

Anders als der vom Schweizer Asyl aus operierende Bolschewist, entfernte Rosa sich jedoch bewußt nur von der Spitze ihrer Partei.

Verzeichnis von Pseudonymen Rosas (drittletztes Signet: Franz Mehrings Zeichen)

ego	R. K.
Gracchus	R. Kruszyńska
Hicrodus	R. L.
Józef Chmura	r. l.
Junius	rl.
Juvenis	Spartacus
K.	X
M. R.	℧
Maciej Rózga	✗
Mortimer	II
R.	?
rg	

Unmittelbar nach Kriegsanfang hatte sie die als oppositionell gel-
tenden Funktionäre der SPD zu einer Lagebesprechung zusammen-
zurufen versucht.[191a] Nicht einer von ihnen (vom halben Dutzend
ihrer namhaften Freunde abgesehen) war ihrem Ruf gefolgt. Im
Dezember 1915 schmuggelte sie dann die für Zimmerwald ge-
dachten *Leitsätze über die Aufgaben der Internationalen Sozialdemokratie* aus ihrer Zelle heraus. Sie wurden am Neujahrstag 1916
auf einer Geheimkonferenz in Liebknechts Berliner Anwaltskanz-
lei als Programm einer endlich zustande gekommenen «Gruppe
Internationale» angenommen. Die Gruppe sollte nach der Unterschrift ihrer als Informationsdienst fungierenden «Politischen Briefe» einem Helden der römischen Antike, dem Anführer der rebelli-
schen Sklaven, Spartakus, zu neuem Glanz verhelfen. Auch dieser in
die Junius-Broschüre eingeschlossene Nukleus eines Spartakus-Pro-
gramms wandte sich nur gegen die *Taktik der offiziellen Parteiin-
stanzen der kriegführenden Länder, in allererster Linie in Deutschland,* nicht gegen die Partei als Ganzes. Zugleich enthielt er freilich
in Form einer reformierten Internationale ein mit dem Wesen der
deutschen Sozialdemokratie kaum vereinbares Element. *In der Internationale liegt der Schwerpunkt der Klassenorganisation des Proletariats. Die Internationale entscheidet im Frieden über die Taktik der
nationalen Sektionen in Fragen des Militarismus, der Kolonialpolitik,
der Handelspolitik, der Maifeier, ferner über die gesamte im Kriege
einzuhaltende Taktik.*[192] Der seit seiner Kindheit heimatlose, von
immer anderen Orten delegierte Genius, der von der Wiedervereinigung Polens nichts wissen und schon vorher die Internationale
als antimilitaristischen Traktor vor die Wagen der Mitgliedsparteien
gespannt sehen wollte, verkündete mit diesem Rohentwurf für eine
neugestaltete proletarische Weltordnung im Prinzip das Ende jeglicher nationalen Selbständigkeit. Ebenso widersprach dem Gefüge der
deutschen Sozialdemokratie wohl, was Rosa in dem ersten «Spartakus»-Brief zu sagen hatte, der nicht mehr mit der Schreibmaschine
vervielfältigt bzw. hektographiert, sondern gedruckt wurde. Das geschah im Herbst 1916 in einem Berliner Lagerschuppen durch einen
gewissen W. Kraft. Es war das ein neues Pseudonym für Leo, der bis
zu seiner eigenen Verhaftung im Frühjahr 1918 die durch Rosas Ge-
fangennahme entstandene Organisationslücke zu füllen wußte. *Nicht
im Parlament können die Würfel über Krieg und Frieden, über die
Internationale, über den Massenhunger fallen, sondern in den Fabriken, in den Werkstätten, auf der Straße* [193], las man nun unter
der erneut auf die Begriffswelt des Altertums bezogenen Überschrift
Der [statt Hier] *Rhodus.* Spontanes politisches und soziales Handeln
am Arbeitsplatz und vor öffentlichen Gebäuden spielten bei der SPD

108

ihrer Tradition wie ihrer Struktur nach nur eine untergeordnete Rolle, verglichen mit solchen Aktionszentren wie Parteikongreß, Parteivorstand, Reichstagsfraktion, Zentral- und Lokalpresse, Versammlungen und Wahlurnen. Noch war es eigentlich denkbar, daß ein konstitutives, wennschon oppositionelles Element der deutschen Gesellschaft (wie Rosa es in einem gleichzeitigen «Spartakus»-Beitrag verlangte) sich als Erzverräter an seinem eigenen Ideal bekennen sollte. *Liebknechts Ketten werden fallen,* schrieb sie, *wenn die deutsche Sozialdemokratie das Kainszeichen des Verrats am internationalen Sozialismus von ihrer Stirne wegwischen wird, wenn Millionen Frauen und Männer im Lande wie im Schützengraben den Mut finden, ebenso furchtlos wie Liebknecht den Ruf zu erheben: Nieder mit dem Krieg! Nieder mit der Regierung!* [194] Damit wurde praktisch nach einer neuen, sozialrevolutionären Partei gerufen.

Im Frühjahr 1917 kam die Revolution, doch sie kam nach – Rußland. Er könne sich denken, wie die russischen Ereignisse sie aufregten, schrieb Rosa Ende März an Diefenbach. Manch alter Freund, der seit Jahren in einer Stadt des Zaren eingekerkert war, hatte jetzt seine Freiheit wieder. *Wie mir das mein Sitzen hier erleichtert!* [195] Ostern 1917 wurde auch in Deutschland eine neue sozialistische Partei aus der Taufe gehoben, die Unabhängige Sozialdemokratische Partei. Vor ihrer Schaffung hatte Rosa (unter dem Namen des altrömischen Sozialrevolutionärs Gracchus) noch zu Anfang des Jahres gewarnt, denn *Flucht bleibt Flucht* [196]. Leo erwartete von Spartakus zum mindesten Distanzierung von der USP. Das war recht verständlich, prägten ihr Gesicht doch so wenig dynamische Gestalten wie Bernstein und eben jener Haase, der, ein Gegner der Kriegskreditbewilligung, als erster SPD-Vorsitzender deren Bewilligung im Reichstag zu begründen übernommen hatte. Nun, da die Spartakus-Gruppe ohne weiteres der USP beitrat, blieb Rosa wenig übrig als den Blick auf das revolutionäre Rußland zu richten. *Freust Du Dich über die Russen?* wurde *Lulu* bald nach dem Roten Oktober von Rosa gefragt, um dann von ihr zu hören, was sie selbst über die bolschewistische Machtergreifung dachte. *Natürlich werden sie sich in diesem Hexensabbath nicht halten können – nicht weil die Statistik eine zu rückständige ökon(omische) Entwicklung in Russland aufweist, wie Dein gescheiter Gatte ausgerechnet hat, sondern weil die Sozialdemokratie in dem hochentwickelten Westen aus hundsjämmerlichen Feiglingen besteht u(nd) die Russen, ruhig zusehend, sich wird verbluten lassen. Aber ein solcher Untergang ist besser als «leben bleiben für das Vaterland», es ist eine weltgeschichtliche That, deren Spur in Aeonen nicht untergehen wird. Ich erwarte noch viel Grosses in den nächsten Jahren, nur möchte ich die Weltgeschichte nicht blos durch das Git-*

109

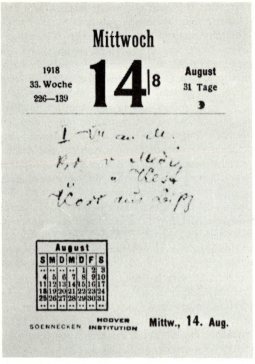

Rosas Gefängniskalender über die Absendung der Kapitel I bis VII (Korrekturbögen des «Korolenko»?) an Mathilde Jakob, 14. August 1918

ter bewundern...[197] Von dieser grundsätzlichen Parteinahme für den Bolschewismus sollte Rosa nicht mehr abgehen.

Ein von Marx' und Engels' Einstellung zur Literatur ausgehender literarischer Regenbogen, der trotz des Völkermordens den russischen mit dem deutschen Horizont verbinden sollte, war die Übersetzung der Memoiren von Korolenko und die ihr vorangestellte Einleitung in die russische Literatur, wobei auch ein bedeutender polnischer Dichter, *der unsterbliche Barde Adam Mickiewicz*[198] nicht vergessen wurde. Zunächst hatte Rosa versucht, den sozialdemokratischen Verleger J. H. W. Dietz für das Projekt zu interessieren. Doch: *Dietz hat, wie ich nicht anders erwartete, abgesagt. Es bleiben also nur bürgerliche Verleger.* Es war kein unproblematisches Unternehmen für jemand, der in der Sprache, in die er übersetzte, nicht völlig firm war, mochte auch *Hannesle* bei *den ersten Kapiteln*[199] Pate stehen und nachher Luise für ihn einspringen. *Welcher Übersetzer, ja welcher Autor, der nicht ein Rindvieh ist ... betrachtet je sein Werk anders als mit dem nagenden Gefühl der Unzufriedenheit mit sich selbst,* vertraute Rosa einmal Luise ihre Übersetzermisere an − *es sei denn, er ist ein Reichstagsabgeordneter oder ein Mitglied der Generalkommission der Gewerkschaften...*[200] Dann kam die Plackerei mit dem Verlag Paul Cassirer, richtiger mit dem für ihr Buch zuständigen Sozialisten Dr. Leo Kestenberg, der als Musikologe *nach 12 Bogen* noch nicht über die Arbeit zu *urteilen*[201] wagte. In einer für ihre Gemütsverfassung günstigeren Lage − die russische Revolution behauptete sich immer noch, und die deutsche Katastrophe zeichnete sich allmählich ab − trug Rosa den Kopf höher, obwohl der Erfolg des Werkes für sie auch eine Magenfrage war. *Denk Dir, was mir heute in einer schlaflosen Nacht in den Sinn gekommen ist,* informierte sie Luise Ende Mai 1918, *mir ist plötzlich klar geworden, dass ich es nicht zugeben darf, dass noch Jemand an dem Manuskript feilt! Der Gedanke ist mir unerträglich, dass ich unter meinem Namen eine Arbeit herausgeben soll, die nicht bis zum Tüpfelchen über dem I m e i n ist. Es ist mir unbegreiflich, warum ich darauf erst jetzt gekommen bin, aber das ging ja zwischen uns immer mit der üblichen Hast u(nd) Aufregung des Wiedersehns, so dass ich nicht recht zur Besinnung kam. Jedenfalls ist mein Entschluß jetzt fest u(nd) ich bin mir darüber ganz klar: ich will «herauskommen» telle quelle − mit allen Slavismen u(nd) sonstigen Schönheitsfehlern. Also bitte, sei so lieb u(nd) gieb einfach den ganzen Kram «ungesäuert, unverwässert, ungezuckert», wie meine edlen Landsleute den Rum geschluckert an Cassirer zum Druck und vogue la galère* [etwa «glückhafte Fahrt, Galeere»]*!*[202] Soviel zum «Korolenko», von dem man mit größerer Bestimmtheit als von anderen Arbeiten, die Rosa hinterließ, sagen darf, daß er eine bleibende Leistung darstellt, obwohl das sowjetrussische Etikett «eines der größten Werke der der russischen Literatur gewidmeten Weltliteraturkritik»[203] zu bombastisch klingt.

Wenn auch ein amerikanisches Fachurteil, wonach «vieles» hiervon schon heute «hoffnungslos veraltet»[204] sei, umgekehrt allzu negativ ist, gilt das gleiche nur mit Einschränkung von einem stärkeren Kriegsschiff, das Rosa nach dem Stapellauf der literarischen Galeere ausrüstete. Von ihm aus plante sie einige Breitseiten zur Verteidigung der russischen Revolutionäre abzufeuern, gleichzeitig aber auch letzteren ein paar harte Wahrheiten zuzurufen. Daß sie sich selbst vor den höchsten sozialistischen Autoritäten nicht genierte, hatten am deutlichsten jene Zeilen angekündigt, in denen sie einer

111

eigenartigen Überschätzung ihrer «Antikritik» hinzusetzte, *der viel-gerühmte erste Band des Marxschen «Kapital» mit seiner Überladung an Rokoko-Ornamenten im Hegelschen Stil sei ihr ein Greuel ... (wofür vom Parteistandpunkt 5 Jahre Zuchthaus und 10 J(ahre) Ehrverlust verwirkt sind ...)*[205] Schon ehe sie in den Jahren vor dem Ersten Weltkrieg strategisch wie taktisch zum Haupt der Linksradikalen heranwuchs und den Vorstand der SPD nebst Kautsky dadurch mehr und mehr beunruhigte, verkehrte sie mit dem ihr an Jahren Überlegenen, an Verdiensten nicht Unterlegenen zuweilen in einem ausgesprochen kecken Umgangston. *Sei mir gegrüsst u(nd) geküsst auf die Glatze, Du holder Knabe.*[206] Von Plechanow – er war sozusagen der russische Kautsky – gestand sie: *Ich hätte grossen Appetit, ihm die Zunge zu zeigen.*[207] Lenins Erwiderung auf ihren Angriff gegen seinen Ultrazentralismus quittierte sie als *die Quasselei von Uljanoff*[208], was noch der ungiftigste der gegen ihn aus ihrem Köcher geholten Pfeile war. Von Trotzki behauptete sie einmal: *Der gute Trotzki entpuppt sich immer mehr als ein fauler Kunde.*[209] Gewiß, das waren private Äußerungen. Sie bezeugten indessen, daß Rosa keine roten Ikonen kannte, vor denen ein frommer Sozialist die Kerzen unbedingter Verehrung anzuzünden hatte.

Die in der Wortwahl sich zeigende Arroganz – wir könnten statt des französischen Lehnworts auch ein jiddisches setzen – entsprang einerseits der Unsicherheit einer sich verfolgt Fühlenden, der *immer die Sympathie Anderer als etwas Unerwartetes, als Geschenk*[210] erschien. Sie verriet wohl auch das Eigeninteresse eines Intellektuellen, dessen tägliches Brot die Polemik war und der heftig zu polemisieren müssen glaubte, um überhaupt gehört zu werden. Andererseits waren die «Unterprivilegierten», als deren Erzieher Rosa sich betrachten durfte, an einer ungeschminkten Darstellungsweise interessiert. Sie besaßen wenig Übung darin, die Sprache als Verschleierungs- oder Andeutungsmittel zu behandeln. So sehr hielt Rosa auf *Offenheit und Schärfe,* daß man das ruhig ihren hervorstechendsten Wesenszug nennen könnte. *Es kommt darauf an, dem russisch-polnischen Publikum einen genauen Begriff von den Kräften der Partei wie der Gewerkschaften und ihrem gegenseitigen Verhältnis, das für uns besonders wichtig, zu geben,* instruierte sie bei einer Gelegenheit einen Chefredakteur in Österreich. Sie begründete dann das an ihn gerichtete Ersuchen, indem sie darauf aufmerksam machte, *dass unsere Partei die Kardinaluntugend meiner Wenigkeit besitzt und zur unumwundenen Offenheit und Schärfe neigt; schreiben Sie uns also, falls Sie die Freundlichkeit haben, dies zu thun, möglichst «deutlich»; in unserer Lage sind alle «österreichischen» Rücksichten überflüssig.*[211] Rosas Methode sollte also auf die von ihr unterstützten Bol-

112

schewisten angewandt werden. Doch andere wußten es besser. Und so machten deutsche Internationalisten sie mundtot, ehe deutsche Nationalisten sie töteten.

Die Welle der Verhaftungen erleichterte das: im Sommer 1915 Clara, im Frühjahr 1916 Karski, nach der Maidemonstration Karl und Rosa, im August – vorübergehend – Mehring und der ehemalige «Vorwärts»-Redakteur Dr. Ernst Meyer, als letzter im März 1918 Leo. Damit rückte Levi zum Wortführer der Besserwisser im Spartakus auf. Er bekannte die Geistesuntat im Vorwort zu der nach Rosas Tod mangelhaft genug «auf Grund einer unkontrollierten Abschrift»²¹² von ihm herausgegebenen Schrift *Die russische Revolution*.

«Im Sommer 1918», berichtete er, «schrieb Rosa Luxemburg Artikel für die ‹Spartakusbriefe› aus dem Breslauer Gefängnis, in denen sie sich kritisch mit der Politik der Bolschewiki auseinandersetzte.

Clara Josefine Zundel (Clara Zetkin)

Es war die Zeit nach Brest-Litowsk, die Zeit der Zusatzverträge. Ihre Freunde hielten die Veröffentlichung damals nicht für opportun, und ich schloß mich ihnen an. Da Rosa Luxemburg hartnäckig auf der Veröffentlichung beharrte, reiste ich im September 1918 zu ihr nach Breslau, wo ich sie nach langer ausführlicher Unterredung im Gefängnis zwar nicht überzeugte, aber bestimmte, von dem Druck eines neuerlich von ihr geschriebenen Artikels gegen die Taktik der Bolschewiki Abstand zu nehmen. Um mich von der Richtigkeit ihrer Kritik zu überzeugen, schrieb Rosa Luxemburg die vorliegende Broschüre.»[213] Doch nur oberflächlich gesehen, hatte Levi recht. Zur Privatlektüre für einen einzelnen sollte die Gefangene in zweimonatiger Arbeit 37 Schulheftseiten mit Bleistift und 71 mit dem Federhalter gefüllt haben? Es ist unverkennbar, daß die postumen Blätter nicht nur für einen einzigen Mitspartakiden gedacht waren. Ja, über den Kreis der ihrer Meinung nach in einigen Kernfragen irrenden bolschewistischen Kampfgefährten hinaus durfte sich sicher jeder als legitimer Leser Rosas betrachten, der die Schrift in die Hand bekam. Das war allerdings besonders in den vom Kommunismus dominierten Ländern nicht immer für jedermann ganz einfach.

Was aber wurde von Rosa kritisiert (und dann von Stalin mit blutiger Tinte korrigiert)? *Die Besitzergreifung der Ländereien durch die Bauern auf die kurze und lapidare Parole Lenins und seiner Freunde hin: Geht und nehmet euch das Land!* Denn sie *führte einfach zur plötzlichen chaotischen Überführung des Großgrundbesitzes in bäuerlichen Grundbesitz. Was geschaffen wurde, ist nicht gesellschaftliches Eigentum, sondern neues Privateigentum.* Ferner: *Das sogenannte Selbstbestimmungsrecht der Nationen oder, was unter dieser Phrase in Wirklichkeit steckte: der staatliche Zerfall Rußlands... Es war dies eine Analogie zu der Politik der Bolschewiki den russischen Bauern gegenüber, deren Landhunger die Parole der direkten Besitzergreifung des adeligen Grund und Bodens befriedigt und die dadurch an die Fahne der Revolution und der proletarischen Regierung gefesselt werden sollten. In beiden Fällen ist die Berechnung leider gänzlich fehlgeschlagen...: eine nach der anderen von diesen «Nationen» benutzte die frisch geschenkte Freiheit dazu, sich als Todfeindin der russischen Revolution gegen sie mit dem deutschen Imperialismus zu verbünden und unter seinem Schutze die Fahne der Konterrevolution nach Rußland selbst zu tragen.* Und endlich: was proklamierte Rosa (und was versäumte das nachstalinistische Tauwetter zum Leidwesen Hunderttausender von Kommunisten und Millionen von Nichtkommunisten anzuerkennen)?... *eine offenkundige unbestreitbare Tatsache, daß ohne freie ungehemmte Presse, ohne ungehindertes Vereins- und Versammlungsleben gerade die Herr-*

schaft breiter Volksmassen völlig undenkbar ist ... Freiheit nur für die Anhänger der Regierung, nur für Mitglieder einer Partei – mögen sie noch so zahlreich sein – ist keine Freiheit. Freiheit ist immer nur Freiheit des anders Denkenden ... Das öffentliche Leben der Staaten mit beschränkter Freiheit ist eben deshalb so dürftig, so armselig, so schematisch, so unfruchtbar, weil es sich durch Ausschließung der Demokratie die lebendigen Quellen allen geistigen Reichtums und Fortschritts absperrt ... Der einzige Weg zur Wiedergeburt ist die Schule des öffentlichen Lebens selbst, uneingeschränkteste, breiteste Demokratie, öffentliche Meinung. Das alles debattierte und begründete Rosa ausführlicher, als es unsere Zitate sichtbar machen können. Danach aber erneuerte sie ein Bekenntnis, dem die erste Hälfte der Schrift gewidmet war. *Alles, was in Rußland vorgeht, ist begreiflich und eine unvermeidliche Kette von Ursachen und Wirkungen, deren Ausgangspunkte und Schlußsteine: das Versagen des deutschen Proletariats und die Okkupation Rußland durch den deutschen Imperialismus.* Den Bolschewiken blieb *das unsterbliche geschichtliche Verdienst, mit der Eroberung der politischen Gewalt und der praktischen Problemstellung der Verwirklichung des Sozialismus dem internationalen Proletariat vorangegangen zu sein und die Auseinandersetzung zwischen Kapital und Arbeit in der ganzen Welt mächtig vorangetrieben zu haben. In Rußland konnte das Problem nur gestellt werden. Es konnte nicht in Rußland gelöst werden. Und in d i e s e m Sinne gehört die Zukunft überall dem «Bolschewismus».*[214]

DER TOD DES ADLERS

Jahrhunderte lebte Rußland unter dem Joch des Absolutismus. Hat aber jemand danach gefragt, wie viele Tausende am Skorbut, an Hunger zugrunde gegangen sind? Hat jemand danach gefragt, daß tausende Proletarier auf dem Schlachtfeld der Arbeit gefallen sind, ohne daß sich auch nur der Statistiker darum kümmerte? Wie viele Kinder auf den russischen Dörfern verkommen oder nicht das erste Lebensjahr erreicht haben aus Mangel an Nahrung? Sie werden begreifen, daß gegen diese ungezählten Opfer die jetzigen Opfer und Leiden ganz minimal sind. Aber nun die andere Seite der Medaille. Während früher das russische Volk ohne jede Aussicht dahinlebte, aus seinen furchtbaren Leiden herauszukommen, weiß es jetzt, wofür es fällt, wofür es leidet, wofür es kämpft. Jeder weiß, daß er wenigstens für seine Kinder, seine Enkel an der Befreiung des Volkes mitarbeitet. (In einer Mannheimer Volksversammlung, 25. September 1906.)[215]

Die Aufgabe der Sozialdemokratie und ihrer Führer ist nicht, von den Ereignissen geschleift zu werden, sondern ihnen bewußt vorauszugehen, die Richtlinien der Entwicklung zu überblicken und die Entwicklung durch bewußte Aktion abzukürzen, ihren Gang zu beschleunigen ... Eine Theorie, die nicht dem Vorwärtsstreben der Massen, sondern dem Bremsen dient, kann selbst nur erleben, daß sie von der Praxis überrannt, achtlos auf die Seite geschoben wird. (In einer Polemik gegen Kautsky, 5. September 1913.)[216]

Im Grunde genommen wirken und entscheiden die grossen, unsichtbaren, plutonischen Kräfte der Tiefe, und alles rückt sich schliesslich zurecht, sozusagen «von selbst». Missverstehe mich nicht: ich rede da nicht etwa einem bequemen fatalistischen Optimismus das Wort, der die eigene Impotenz verschleiern soll, wie er mir gerade bei Deinem verehrten Gatten verhasst ist. Nein, nein, ich bin allzeit auf dem Posten und werde bei der nächsten Möglichkeit wieder dem Weltklavier mit allen zehn Fingern in die Tasten fallen, dass es dröhnt. Nun ich aber nicht durch meine Schuld, sondern durch äusseren Zwang «auf Urlaub» bei der Weltgeschichte hin, so lache ich mir einen Ast, freue mich, wenn's auch ohne mich geht, und glaube felsenfest, dass es gut gehen wird. (In einem Brief an Luise, 15. April 1917).[217]

Die Tatkraft, die alles, was Rosa unternimmt, wie ein roter Faden durchzieht, rückt gegen Ende ihres Lebens nur zeitweilig ein wenig in den Hintergrund, um danach desto weiter vorschnellen zu können.

Rosas Ungeduld während der Oktobertage, als der letzte kaiser-

Der «Berliner Lokal-Anzeiger» als «Die rote Fahne», 9. November 1918

liche Kanzler, Prinz Max von Baden, 1918 durch seine Aufzeichnungen die Tatsache vom «militärischen Zusammenbruch»[218] des ihm nun zur politischen Führung übergebenen Volkes festzuhalten versucht, ist unbeschreiblich. Sie, die in Warschau nicht einmal die Hilfe des Konsulats in Anspruch nehmen mochte, hat diesem Kanzler ein Telegramm geschickt, ohne freilich eine prompte Antwort von ihm zu bekommen. Eines stehe fest, bekundet sie jetzt der *liebsten Sonitschka* in einem Brief aus Breslau: ... *meine Stimmung ist schon derart, daß mir ein Besuch meiner Freunde unter Aufsicht zur Unmöglichkeit geworden ist. Ich ertrug alles ganz geduldig die Jahre hindurch und wäre unter anderen Umständen noch weitere Jahre ebenso geduldig geblieben. Nachdem aber der allgemeine Umschwung in der Lage kam, gab es auch in meiner Psychologie einen Knick. Die Unterredungen unter Aufsicht, die Unmöglichkeit, darüber zu reden, was mich wirklich interessiert, sind mir schon so lästig, daß ich lieber auf jeden Besuch verzichte, bis wir uns als freie Menschen sehen. Lange kann es ja nicht mehr dauern.*[219] Doch es dauert bis zur allerletzten Minute des Regimes, das sie gefangenhält, ohne ihr irgendein Vergehen nachweisen zu können. Obwohl die Regierung Preußens schon am 12. Oktober 1918 eine Amnestie für politische Häftlinge erlassen hat, kommt anscheinend kein preußischer Beamter, aber auch kein Breslauer Bürger, er sei Arbeiter oder Angestellter, Industrieller oder Kaufmann, Geistlicher oder Lehrer, Schüler, Student oder Hausfrau, auf den Einfall, daß man in einer solchen Lage wohl zum Gefängnis ziehen und Rosas Freilassung fordern oder erzwingen könnte.

Erst am 9. November, als der Prinz die Geschäfte des Reichskanzlers an einen ehemaligen Sattler, Friedrich Ebert, abgibt, als Scheidemann, «morgens noch kaiserlicher Staatssekretär»[220] (Liebknechts etwas späterer Proklamierung der «Freien Sozialistischen Republik Deutschland» zuvorkommend), mittags die «Freie Deutsche Republik» ausruft und der provisorische Arbeiter- und Soldatenrat in Berlin die erste Sitzung abhält – alles unter ständigem Deklamieren der Worte «Ruhe und Ordnung»: erst dann kann Rosa als soeben Befreite auf dem Breslauer Domplatz zu einer sie begrüßenden Menge reden. Am Nachmittag eilt sie nach Berlin weiter. Hier tritt am 10. November eine aus SPD und USP gebildete Regierung zusammen. Auf Anregung der Unabhängigen verleiht diese sich mit leichtem russischem Akzent die Bezeichnung «Rat der Volksbeauftragten». Am gleichen Tag hält der soeben gewählte Große Berliner Vollzugsrat der Arbeiter- und Soldatenräte, der sich als der eigentliche, «durch die Revolution legitimierte Träger der Macht»[221] ansieht, seine ersten Beratungen ab. Als dritter Diadoche des nach Holland entflohenen Herrschers etabliert sich die «Spartakus-Gruppe», vom 11. November ab offiziell «Spartakusbund» benannt. In seiner Leitung gruppieren sich um den aus Karl, Rosa und Leo bestehenden, in Bälde von Mörderhand ausgelöschten Kern neben Meyer, Levi, Frölich, Thalheimer und Pieck das Ehepaar Hermann und Käthe Duncker – Hermann ist Lehrer an der Parteischule gewesen –, Paul Lange und Hugo Eberlein. Eine erste, von Leo inspirierte Aktion des Bundes ist die Wiederanknüpfung an eine polnische Tradition von anno 1905/06. Aus der Warschauer wird die Berliner «Rote Fahne». Das bürgerliche Blatt, das durch einen Handstreich gekapert wird, um als «Rote Fahne» weiterzuerscheinen, ist der «Berliner Lokal-Anzeiger». Doch nach zwei bewegten Tagen entschlüpft die Prise den Spartakus-Leuten, da weder die Druckereiarbeiter noch die Leiter der beiden rivalisierenden Vollzugsgewalten für wildöstliche Gewaltakte zu haben sind. So vergeht eine kostbare Woche, bis die «Rote Fahne» unter weniger günstigen Bedingungen in eigener Regie weitererscheinen kann.

Inzwischen ist eine von Nummer 2 des Blattes gestartete Aktion des Bundes gleichfalls gescheitert. Es ist die in ihr erhobene Forderung, Rosa als Vertreterin der Gruppe in den Arbeiter- und Soldatenrat zu kooptieren. «Auch spätere Versuche der Spartakusführer, Zutritt zu den Sitzungen des Vollzugsrates und des Rätekongresses im Dezember zu erlangen, wurden abgewiesen – mit der famosen Begründung, daß Liebknecht und Rosa Luxemburg weder Arbeiter noch Soldaten seien!»[222] Der von Wilhelm Liebknecht geprägte Ehrentitel des «Soldaten der Revolution» ist in der Stunde der Revolution verklungen. Ist es da noch verwunderlich, daß der weibliche Junius Brutus Mitte Dezember als Redakteurin der «Roten Fahne» eine Karikatur von Ebert akzeptiert, dem «beinahigen Präsidenten der deutschen Republik», der demnächst «Ebert der Erste»[223] werde? *Die Wahl eines Präsidenten, der eine Mittelstellung zwischen dem englischen König und dem amerikanischen Präsidenten hat, also beinahe ein König Ebert,* dient auch als Zielscheibe einer im Festsaal des Preußischen Abgeordnetenhauses gehaltenen Rede Rosas über *Unser Programm und die politische Situation.* Sie beschließt die Reichskonferenz des Spartakusbunds, die, von den letzten Tagen des alten bis zum ersten Tag des neuen Jahres dauernd, als Gründungsparteitag der «Kommunistischen-Partei Deutschland (Spartakusbund)» in die Geschichte eingeht. Wie sie sich hier unter Beifalls- und Heiterkeitsbezeigungen über den Regierungschef mokiert, der demnächst zum Staatsoberhaupt gewählt werden wird, spiegelt unverkennbar die Enttäuschung darüber wider, daß das neue Deutschland für Spartakus keinen politischen Ort vorsieht. Rosa kehrt im Grunde lediglich die Verhältnisse um, wenn sie verkündet, daß *die Herren Ebert-Scheidemann bald ausgespielt haben... Die Bourgeoisie wird es sich überlegen, ob sie den Hermelin auf die derbe Parvenügestalt des Ebert wird legen wollen. Wenn es soweit kommt, dann wird es schließlich heißen: es genügt hierzu nicht Blut an den Fingern, sondern er muß blaues Blut in den Adern haben... So, Parteigenossen, drängen die Herren Ebert-Scheidemann dazu, daß sich eine konterrevolutionäre Bewegung breit macht.* Die Unangebrachtheit derartiger Metaphern für eine Arbeiterführerin – sie läßt das Bürgertum ironisierend auch vom *Emporkömmling* sprechen, *der sich nicht mal als König benehmen* könne – darf uns jedoch das Großartige an ihrer Vision nicht übersehen lassen. Beschwört sie nicht bereits hinter der persönlich wohl ehrenwerten, doch politisch etwas fragwürdigen Figur des ersten den Schatten des von der SPD mitbestimmten zweiten Reichspräsidenten herauf, der zu böser Letzt die Macht eben jenen *konterrevolutionären Mächten*[224] aushändigen wird, die Rosa schon ankündigt?

Rosa ist aber nicht nur isoliert von den Mehrheitssozialisten, den Unabhängigen – bis auch sie in die Opposition gedrängt werden – und den Harakiri begehenden Arbeiter- und Soldatenräten. Sie be-

Ebert wieder entlarvt.

Washington, 11. Dezember. (Reuter). Die in den ausländischen Blättern gebrachte Meldung, wonach Staatssekretär Lansing erklärt habe, wonach keine Lebensmittel nach Deutschland gesandt würden, bevor die Nationalversammlung gewählt sein wird, wird für unrichtig erklärt.

Der beinahige Präsident der deutschen Republik.

Ebert der Erste.

Die zweite Proklamation Eberts zum Präsidenten.

Diesmal war's nicht ein Spiro, sondern ein kommandierender General. Der übernahm beim gestrigen Truppenempfang, in Vertretung Ebert-Haases, die Begrüßung der weiter einziehenden Garbetruppen. Er forderte die Truppen auf, geschlossen hinter die Regierung zu treten bis hinauf zum Präsidenten.

Karikatur auf Ebert in der «Roten Fahne» vom 14. Dezember 1918

Karl Liebknecht als spartakistischer Volksredner in Berlin

findet sich tragischerweise zu entscheidenden Punkten innerhalb der eigenen Reihen in der Minderheit. Mit 4 : 3 unterliegt ihr im Interesse der Ost-West-Zusammenarbeit gemachter Vorschlag, an Stelle der «kommunistischen» eine «sozialistische» Partei zu gründen. Mit 62 gegen 23 Stimmen wird die von ihr befürwortete Beteiligung der KPD an den Wahlen zur konstituierenden Nationalversammlung von den Delegierten des Gründungsparteitags abgelehnt. Auf die Lernfähigkeit der *frischen Generation* bauend, beschließen die Unterlegenen, die Ablehnung *nicht tragisch zu nehmen* [225]. Von da ist es aber nah zu den gleichfalls von Rosa nicht anempfohlenen Putschversuchen, bei deren regierungsseitiger Unterdrückung sie ihr Leben verlieren wird.

Was ist im Verhältnis zu dieser mit der Mundtotmachung im Gefängnis einsetzenden politischen Gangräne das theoretische Gegenmittel, das Rosa mit eigener Hand bereitet? Mitte Dezember 1918 in ihrem Blatt mitgeteilt, soll das definitive Spartakus-Programm in Hunderttausenden von Exemplaren nachgedruckt werden. Am 8. Januar erscheint es – nach einem Handstreich der Spartakisten – unter dem aufgezwungenen Zeitungskopf einer «Roten Fahne vom Niederrhein» auf der Titelseite der im Innern noch mit bürgerlichen Artikeln und Anzeigen gefüllten «Düsseldorfer Nachrichten». Der achte und letzte von Rosa verfaßte Abschnitt stellt die programmatischen und die zur Sicherung der Revolution auf innen- und außenpolitischem, sozialem und ökonomischem Terrain zu erhebenden Sofortforderungen zusammen. Begonnen wird mit einer Prophezeiung, die uns trotz der manchmal antiquierten, unscharfen oder gar falschen Sprache Bewunderung abnötigt. *Das will der Spartakushund, und weil er das will, weil er der Mahner, der Dränger, weil er das sozialistische Gewissen der Revolution ist, wird er von allen offenen und heimlichen Feinden der Revolution und des Proletariats gehaßt, verfolgt und verleum-*

det. Kreuziget ihn! *rufen die Kapitalisten, die um ihre Kassenschrän-*
ke zittern. Kreuziget ihn! *rufen die Kleinbürger, die Offiziere, die An-*
tisemiten, die Preßlakaien der Bourgeoisie, die um die Fleischtöpfe der
bürgerlichen Klassenherrschaft zittern. Kreuziget ihn! *wiederholen*
noch wie ein Echo getäuschte, betrogene, mißbrauchte Schichten der
Arbeiterschaft und Soldaten, die nicht wissen, daß sie gegen ihr eigen
Fleisch und Blut wüten, wenn sie gegen den Spartakusbund wüten.
Im Hasse, in der Verleumdung gegen den Spartakusbund vereinigt
sich alles, was gegenrevolutionär, volksfeindlich, zweideutig, licht-
scheu, unklar ist. Dadurch wird bestätigt, daß in ihm das Herz der
Revolution pocht, daß ihm die Zukunft gehört.

Doch: Der Spartakusbund ist keine Partei, die über die Arbeiter-
masse oder durch die Arbeitermasse zur Herrschaft gelangen will. Der
Spartakusbund ist nur der zielbewußte Teil des Proletariats, der die
ganze breite Masse der Arbeiterschaft bei jedem Schritt auf ihre ge-
schichtlichen Aufgaben hinweist, der in jedem Einzelstadium der Re-
volution das sozialistische Endziel und in allen nationalen Fragen
die Interessen der proletarischen Weltrevolution vertritt. Der Sparta-
kusbund lehnt es ab, mit Handlangern der Bourgeoisie, mit den
Scheidemann-Ebert, die Regierungsgewalt zu teilen, weil er in einer
solchen Zusammenwirkung einen Verrat an den Grundsätzen des
Sozialismus, eine Stärkung der Gegenrevolution und eine Lähmung
der Revolution erblickt. Der Spartakusbund wird es auch ablehnen,
zur Macht zu gelangen, nur weil sich die Scheidemann-Ebert abge-
wirtschaftet und die Unabhängigen durch die Zusammenarbeit mit
ihnen in eine Sackgasse geraten sind. Der Spartakusbund wird nie
anders die Regierungsgewalt übernehmen, als durch den klaren, un-
zweideutigen Willen der großen Mehrheit der proletarischen Masse
in Deutschland, nie anders als kraft ihrer bewußten Zustimmung zu
den Ansichten, Zielen und Kampfmethoden des Spartakusbundes.
Und schließlich: *Die proletarische Revolution kann sich nur stufen-*
weise Schritt für Schritt, auf dem Golgathaweg eigener bitterer Er-
fahrungen, durch Niederlagen und Siege, zur vollen Klarheit und
Reife durchringen. Der Sieg des Spartakusbundes steht nicht am An-
fang, sondern am Ende der Revolution: er ist identisch mit dem
Siege der großen Millionenmassen des sozialistischen Proletariats.
Auf, Proletarier! Zum Kampf! Es gilt eine Welt zu erobern und ge-
gen eine Welt anzukämpfen. In diesem letzten Klassenkampf der
Weltgeschichte um die höchsten Ziele der Menschheit gilt dem Feinde
das Wort: Daumen aufs Auge und Knie auf die Brust! [226] Ein lan-
ges, hartes Ringen sieht die Verfasserin dieses Testaments mit pro-
phetischem Blick voraus.

Ahnt die vom Golgatha des Proletariats Prophezeiende gar auch,

Karikatur aus dem «Kladderadatsch», die Ebert aufforderte, den Gordischen Knoten der Spartakusführer mit dem Schwert zu durchschlagen.
12. Januar 1919

was ihr selbst bevorsteht? Mehr als einmal scheint sie ein Vorgefühl des Todes überkommen zu haben – *als ob etwas in mir gestorben wäre. Ich fühle keine Angst, keinen Schmerz, keine Einsamkeit, gerade wie eine Leiche* [227]: so hat sie es Leo einmal beschrieben. Sie hat Sonja ihre Hoffnung anvertraut, *auf dem Posten* zu sterben, *in*

Die Lichtensteinbrücke über den Landwehrkanal in Berlin. Hier wurde Rosa Luxemburg am 15. Januar 1919 ins Wasser versenkt

einer Straßenschlacht oder im Zuchthaus[228]. Luise hat sie geschildert, wie sie *mit grösster Sorgfalt die Blumen ordnete u(nd) gelegentlich im botanischen Atlas nachschlug, um irgend eine Einzelheit festzustellen, und wie ihr dann plötzlich in den Sinn kam, dass ich mich selbst bewusst irreführe, mich in den Gedanken hineinwiege, als lebe ich noch ein normales Menschenleben, während um mich herum eine Weltuntergangsatmosphäre herrscht. Vielleicht sind es speziell die 200 Sühne-Hinrichtungen in Moskau, von denen ich gestern in der Zeitung las, die es mir angethan haben.*[229] Doch selbst in der beängstigendsten Lage verläßt Rosa der Wille zum Leben nicht. *Nicht zu beschreiben*, liest Clara in einem der letzten Briefe, die von Rosa erhalten sind, *welche Lebensweise ich – wir alle – seit Wochen führen, den Trubel, den ständigen Wohnungswechsel, die unaufhörlichen Alarmnachrichten. Dazwischen angestrengte Arbeit, Konferenzen etc. etc. Ich kam buchstäblich nicht dazu, Dir zu schreiben! Meine Wohnung sehe ich nur ab und zu für ein paar Nachtstunden. Heute wird es vielleicht doch mit dem Brief gelingen. Nur weiß ich nicht recht, wo ich anfangen soll, so viel habe ich Dir zu sagen.* Dann dieser an Clara gerichtete Rat: *Warte noch eine Weile mit dem Kommen, bis wir wieder einigermaßen ruhigere Zeiten haben. In diesem Trubel und dieser stündlichen Gefahr, Wohnungswechsel, Hatz und Jagd zu leben, ist nichts für Dich und namentlich gar keine Möglichkeit, ordentlich zu arbeiten und auch nur zu beraten. Ich hoffe, in einer Woche hat sich die Situation so oder anders geklärt und regelmäßige Arbeit wird wieder möglich sein.*[230]

Was statt dessen am 15. Januar 1919 und anschließend geschah, ist

eine lange Tragödie; ihre filmkünstlerische Darstellung hat Margarethe von Trotta unübertrefflich gestaltet. Hier nur ein Stück aus der eidesstattlichen Aussage des dann dreiundfünfzigjährigen Reichstagsabgeordneten und politischen Leiters der KPD, Pieck. «Ich war in der Wohnung von Marcussohn gemeinsam mit Liebknecht und Rosa Luxemburg verhaftet und per Auto nach dem Edenhotel gebracht worden. Beim Betreten des Hotels waren im Vorraum eine Menge Soldaten und Offiziere. Die Offiziere beschimpften Frau Luxemburg ganz flegelhaft, etwa: ‹Röschen, da kommt die alte Hure!› Ich erhob dagegen Protest Da erklärte ein Offizier: ‹Was will der Kerl, ist wohl ihr Kavalier, haut ihm in die Fresse!› Dann wurde Rosa Luxemburg die Treppe hinaufgeführt. Ich wurde daneben an einen Pfeiler gestellt. Ich sah dann, daß ein Offizier, der von den anderen als Hauptmann angeredet wurde, herumlief, den Soldaten Zigaretten anbot und sagte: ‹Die Bande darf nicht mehr lebend das Edenhotel verlassen!› Nach einer

Oberleutnant Kurt Vogel. Zeichnung im Gerichtssaal von O. T. H. Der Angeklagte entfloh nach der Verurteilung und wurde 1½ Jahre danach amnestiert

Quittung über 3 Mark für die «Landung» der Leiche Rosa Luxemburgs am 31. Mai 1919

Die Mordfeier im Eden-Hotel am Abend des 15. Januar 1919

Viertelstunde erhielten zwei Soldaten den Auftrag, mich die Treppe hinaufzuführen. Ich wurde den Korridor hinaufgeführt und sah im Vorbeigehen an einer Tür das Schild ‹Hauptmann Pabst›... Kurze Zeit [danach] kam ein Dienstmädchen herauf, fiel einer Kollegin in die Arme und rief: ‹Ich werde den Eindruck nicht los, wie man die arme Frau niedergeschlagen und herumgeschleift hat.›»[231]

Was immer man in bezug auf die Diktion bei der angegebenen Person von der Wahrscheinlichkeit eines «Loswerdens» von «Eindrücken» halten und wer immer der eigentliche Mörder gewesen sein mag: denkt man an das offensichtlich Unbezweifelbare, an die Beleidigung, an die Mißhandlung Rosa Luxemburgs, an das Niederknüppeln, Erschießen und Versenken ihres vielleicht noch nicht leblosen Körpers in den Landwehrkanal, aus dem die verweste Leiche erst am 31. Mai geborgen wurde, denkt man an die geringe Strafe, die begünstigte Flucht und frühzeitige Amnestie, deren einer der Haupttäter sich in der «Freien deutschen Republik» erfreute, während der andere im Dritten Reich belohnt wurde – so gewinnen andere historische Morde – von Abraham Lincoln bis zu Jean Jaurès, von Trotzki bis zu den beiden Kennedys und Martin Luther King – eine geradezu heroische Aureole.

Wie sähe die deutsche, wie die ganze Geschichte seitdem aus, hätten die Deutschen jenem Genie erlaubt, die in ihm ruhenden Gaben ausreifen zu lassen? Was wäre nach zehn, zwanzig, dreißig Jahren weiteren Wirkens aus der großen Rednerin, der Meisterin der Agitation, der Publizistik, Polemik und Pädagogik, der bedeutenden sozial- und nationalökonomischen, historischen und literarischen Essayistin wohl geworden? Noch tiefer im Kulturboden Deutschlands verwurzelt, hätte uns der «Adler mit dem Taubenherz», die kühnste und menschlichste Mittlerin zwischen Ost und West ohne Frage mehr vermacht als jene Gedanken von der Aktionsfähigkeit der Massen, dem Verhältnis von Spontaneität und Organisation, der Notwendigkeit einer Verstaatlichung des Großgrundbesitzes und dem Vorrang wirtschaftlicher Räume vor nationalen Unabhängigkeitsbestrebungen, die nachher als «Luxemburgismus» verkettet und verketzert wurden.

Was Wunder, daß Leben und Sterben der großen Frau zum Gegenstand politischer, politologischer, publizistischer, künstlerischer und auch kommerzieller Interessen wurde. Bemerkenswert als Nachspiel ist der 17. Januar 1988. Die Partei- und Staatsführung der Deutschen Demokratischen Republik veranstaltete an dem Tag, wie alljährlich, in Berlin einen Umzug zum Gedenken an die Ermordung von Rosa Luxemburg und Karl Liebknecht. Tausende zogen von der Stalin-Allee zur Gedenkstätte Lichtenberg, wo an der Führungsspitze vorbeidefiliert werden sollte. Doch etwa fünfzig kühne, «Freiheit den Andersdenkenden»-Plakate Tragende hatten sich dieses Mal in den Zug eingemischt. Sie wurden abgedrängt und verhaftet. Dieser Vorfall entbehrte nicht ungewollter Komik. Der damalige Präsident des DDR-P. E. N.-Zentrums, assistiert vom einheitlichen Presseecho der Arbeiterkorrespondenten, verglich die «vorsätzliche Störung der Totenfeier für die ermordeten Nationalhelden unseres Staates» u. a. mit einer verwerflichen «Gotteslästerung».[232] Auch kirchliche Würdenträger mißbilligten – unter Plädoyers für Milde gegenüber den Eingesperrten – die Kundgebung, von der Oppositionelle, die Reformen anstrebten und deswegen nicht ausgebürgert werden und nicht ausreisen wollten, schon im Vorfeld abgeraten hatten. Die Ausreisewilligen dagegen erreichten dank ihrer baldigen Entlassung und Ausreisemöglichkeit ihr weniger idealistisches Ziel.

ANMERKUNGEN

1 Rosa Luxemburg [= R. L.] an Henriette Roland Holst, 30. Januar 1907. In: Henriette Roland Holst-van der Schalk, «Rosa Luxemburg». Zürich 1937. S. 220.

2 Dr. Józef Luxemburg an Luise Kautsky, 19. August 1931, Internationales Institut für Sozialgeschichte, Amsterdam [= IISG], Archiv-Nr. KDXVI, 184.

3 *Briefe an Freunde*. Hg. v. Benedikt Kautsky. Zürich 1950. S. 207.

4 Abb. S. 10. Die Annahme, er könnte ursprünglich Abraham geheißen haben, weil ein Memoirenwerk «die einzige Tochter, eine Buckelige, von A... L...» erwähne (s. Peter Nettl: «Rosa Luxemburg». Köln 1965. S. 64), ist nicht einleuchtend. A. L. wohnte am Stadtrand, Luxemburg am Marktplatz. Er hatte zwei Töchter, und Rosa war nicht buckelig (vgl. Isaac Leib Peretz: «My Memoirs». New York 1964. S. 127).

5 R. L. an Hans Diefenbach, 20. Juni 1917. In: *Briefe an Freunde*, S. 110.

6 Peretz, a. a. O., S. 98, s. S. 99.

7 R. L. an Karl und Luise Kautsky, undat., IISG: KDXVI, 187.

8 Beglaubigte Übersetzung bei Nettl, a. a. O., zwischen S. 192 und 193.

9 Zit. bei Holst, a. a. O., S. 11.

10 Wladimir Korolenko: «Die Geschichte meines Zeitgenossen». Berlin 1919. Bd. I, S. IXL.

11 R. L. an Robert und Mathilde Seidel, 13. Dezember 1904 (Nachlaß Seidel 47 a, Zentralbibl. Zürich).

12 Nettl, a. a. O., S. 69.

13 S. B. A. Jedrzejowski an A. Labriola, 24. Juni 1896. In: «Correspondance Boleslaw Antoni Jedrzejowski–Antonio Labriola: 1895–1897» in «Annali» III (1960), S. 249. Jedrzejowski, Sekretär des Zentralkomitees des Auswärtigen Verbands der Polnischen Sozialisten schrieb Labriola gleichzeitig: «Ja, Lux. verdient eine Auszeichnung vom Czaren».

14 Paul Frölich: «Rosa Luxemburg». Hamburg 1949. S. 24.

15 Nettl, a. a. O., S. 63.

16 R. L. an Hans Diefenbach, 7. Januar und 5. März 1917. In: *Briefe an Freunde*, S. 75, 83.

17 Ebd., 7. Januar 1917, a. a. O., S. 78; s. R. L. an Gertrud Zlottko, undat., a. a. O., S. 191; an Robert Seidel, 23. Juni 1898 (Nachl. Seidel 47 a, Zentralbibl. Zürich).

18 Korolenko, a. a. O., S. VL, IIL, IL; Fragment über Krieg, nationale Frage und Revolution in: «Rosa Luxemburg über die russische Revolution». In: «Archiv für die Geschichte des Sozialismus und der Arbeiterbewegung» XIII (1928), S. 293.

19 S. R. L. an Luise Kautsky, undat., IISG: KDXVI, 189; *Sozialreform oder Revolution?*. Leipzig 1919. S. 86; Nettl, a. a. O., S. 225; vgl. S. 242.

20 R. L. an Mathilde Wurm, 16. Februar 1917. In: *Briefe an Freunde*, S. 48–49.

21 Nettl, a. a. O., S. 485.

22 Julius Wolf: «Selbstbiographie». In: Felix Meiner (Hg.), «Die Volks-

wirtschaftslehre der Gegenwart in Selbstdarstellungen». Leipzig 1924, Bd. I, S. 220.

23 S. Zofia Daszyńska: «Die Stellung der modernen Frauenbewegung zur Arbeiterinnenfrage». In: «Sozialistische Monatshefte» I (1897), S. 141–145.

24 R. L. an Robert Seidel, 21. Oktober 1895 (Nachl. Seidel 47 a, Zentral-bibl. Zürich).

25 *Neue Strömungen in der polnischen sozialistischen Bewegung in Deutsch-land und Österreich.* In: «Die Neue Zeit» XIV (1895/96), II, S. 179, 216.

26 Beilage zu R. L. an Karl und Luise Kautsky, 24. Mai 1896, IISG: KDVI 271.

27 *Die industrielle Entwicklung Polens.* Leipzig 1898. S. 90.

28 *Neue Strömungen . . .* In: «Die Neue Zeit», a. a. O., S. 177.

29 Karl Kautsky: «Erinnerungen und Erörterungen». Den Haag 1960. S. 448.

30 S. Abb. S. 24.

31 Auszug aus der Einwohnerkontrolle über Gustav Lübeck und seine Ehefrau Rosalie, geborene Luxemburg. Polizeidepartement Basel-Stadt, 10. September 1968.

32 Nettl, a. a. O., S. 117.

33 Register der Einwohnerkontrolle der Stadt Zürich, Lübeck, Gustav, ge-boren 1. 12. 1873, zuständig nach Berlin DL, Schreiner/Schriftsetzer. 19. August 1968.

34 R. L. an Robert Seidel, undat.; R. L. an Robert und Mathilde Seidel, 7. April 1903 (Nachl. Seidel 47 a, Zentralbibl. Zürich).

35 R. L. an Robert Seidel, 23. Juni 1898 (Nachl. Seidel 47 a, Zentralbibl. Zürich).

36 R. L. an Robert und Mathilde Seidel, 30. Mai 1898 (Nachl. Seidel 47 a, Zentralbibl. Zürich).

37 R. L. an Robert und Mathilde Seidel, 30. Dezember 1900 (Nachl. Seidel 47 a, Zentralbibl. Zürich); vgl. R. L. an Leo Jogiches, 20. Mai 1898. In: Feliks Tych, «Róza Luksemburg. Listy do Leona Jogichesa-Tyski». Wars-zawa 1968. Bd. I, S. 156–159.

38 R. L. an Robert Seidel, 8. August 1902 (Nachl. Seidel 47 a, Zentralbibl. Zürich).

39 R. L. an Leo Jogiches, 4. oder 5. Juli 1898. I: Tych, a. a. O., S. 234 (pri-vate Übers.).

40 Nettl, a. a. O., S. 76.

41 R. L. an Leo Jogiches, 11. Februar und 22. Januar 1899. In: Tych, a. a. O., S. 376, 360 (private Übers.).

42 R. L. an Leo Jogiches, 11. Juni 1898. In: Tych, a. a. O., S. 200 (Übers. wie Anm. 39).

43 Nettl, a. a. O., S. 147 (in der Übersetzung irrtümlich «die»).

44 Zit. ebd., S. 148 (unsere Übersetzung nach Tych, a. a. O., S. 401, wie Anm. 41).

45 R. L. an «Alle Kautskys», 25. Juli 1905, IISG: KDXVI, 199; R. L. an Luise Kautsky, undat. (Poststempel 9. ? 1911), IISG: KDXVI, 233.

46 Zit. Nettl. a. a. O., S. 148–149 (unsere Übers. nach Tych, a. a. O., S. 402, wie Anm. 41).

47 *Briefe an Karl und Luise Kautsky*. Berlin 1923. S. 20.

48 R. L. an Luise Kautsky, 26. Januar 1917, IISG: KDXVI, 242. (Das mit einigen Fehlern behaftete Goethe-Zitat nach dem Original verbessert. D. A.).

49 *Briefe an Karl und Luise Kautsky*, S. 15.

50 Ebd.

51 R. L. an Robert und Mathilde Seidel, 30. Dezember 1899 (Nachl. Seidel 47 a, Zentralbibl. Zürich).

52 R. L. an Robert Seidel, 8. August 1902 (Nachl. Seidel 47 a, Zentralbibl. Zürich).

53 R. L. an Luise Kautsky, undat., IISG: KDXVI, 231.

54 R. L. an Robert Seidel, 22. Februar 1902 (Nachl. Seidel 47 a, Zentralbibl. Zürich); vgl. R. L. an Leo Jogiches, 26. Mai 1898. In: Tych, a. a. O., S. 179–181.

55 R. L. an Robert Seidel, 23. Juni 1898 (Nachl. Seidel 47 a, Zentralbibl. Zürich).

56 Dr. med. Karl Kautsky an Prof. Peter Nettl, zit. Nettl, a. a. O., S. 833. Wegen seiner doppelten Eigenschaft als persönlicher Freund Rosas und Mediziner dürfte Dr. Kautskys Diagnose der Erkrankung vor derjenigen der Biographen Glauben zu schenken sein, wonach sie sich die Krankheit im Kindesalter zuzog.

57 Luise Kautsky: «Rosa Luxemburg». Berlin 1929. S. 70.

58 R. L. an Luise Kautsky, undat., IISG: KDXVI, 231.

59 R. L. an Robert und Mathilde Seidel, 30. Dezember 1898 und 11. August 1898 (Nachl. Seidel 47 a, Zentralbibl. Zürich).

60 Korolenko, a. a. O., Bd. I, S. XXXV.

61 R. L. an Karl und Luise Kautsky, 30. Dezember 1899, IISG: KDXVI, 192 a.

62 Adolf Warszawski an Karl Kautsky, 20. Mai 1903, IISG: KDXXIII, 63.

63 R. L. an Karl und Luise Kautsky, 30. Dezember 1899, IISG: KDXVI, 192 a.

64 «Protokoll über die Verhandlungen des Parteitages der Sozialdemokratischen Partei Deutschlands, gehalten zu Stuttgart». Berlin 1898. S. 99.

65 Ebd., S. 117.

66 Ebd., S. 106.

67 «Protokoll über die Verhandlungen des Parteitages der Sozialdemokratischen Partei Deutschlands, gehalten zu Mainz». Berlin 1900. S. 124.

68 «Protokoll über die Verhandlungen des Parteitages der Sozialdemokratischen Partei Deutschlands, gehalten zu Lübeck». Berlin 1901. S. 128.

69 «Protokoll über die Verhandlungen des Parteitages der Sozialdemokratischen Partei Deutschlands, gehalten zu Dresden». Berlin 1903. S. 278.

70 Parteitagsprotokoll Stuttgart, S. 100.

71 «Protokoll über die Verhandlungen des Parteitages der Sozialdemokratischen Partei Deutschlands, gehalten zu Hannover». Berlin 1899. S. 194.

72 Parteitagsprotokoll Mainz, S. 128.

73 Parteitagsprotokoll Lübeck, S. 128.
74 «Protokoll über die Verhandlungen des Parteitages der Sozialdemokratischen Partei Deutschlands, gehalten zu München». Berlin 1902. S. 151.
75 Parteitagsprotokoll Dresden, S. 277.
76 S. Parteitagsprotokoll München, S. 154.
77 Nettl, a. a. O., S. 223.
78 Gelegentlich verwendet Rosa Luxemburg auch den weniger treffenden Ausdruck «Marxistisch» (s. Sozialreform oder Revolution?, a. a. O., S. 33).
79 Ebd., S. 48.
80 Ebd., S. 30, 38.
81 R. L. an die Redaktion der «Neuen Zeit», 5. März 1896, IISG: KDXVI, 268; vgl. R. L. an die Redaktion der «Neuen Zeit», 30. März 1896, IISG: KDXVI, 269.
82 R. L. an Karl Kautsky, 3. Oktober 1901, IISG: KDXVI, 276.
83 Briefe an Karl und Luise Kautsky, S. 18.
84 Franz Mehring an Karl Kautsky, 5. Januar 1902, IISG: KDVIII, 162.
85 R. L. an Robert Seidel, 3. Oktober 1902 (Nachl. Seidel 47 a, Zentralbibl. Zürich). In Briefe an Freunde wird der Brief an Stadthagen S. 31 irrtümlich auf Ende 1899 angesetzt, weil der darin vorkommende Bezug auf das Jahrhundertende dazu verleitet. Das 19. Jahrhundert endete am 31. Dezember 1898.
86 R. L. an Konrad Haenisch, 2. Dezember 1911. In: Briefe an Freunde, S. 29.
87 Briefe an Karl und Luise Kautsky, S. 89.
88 R. L. an Karl und Luise Kautsky, Poststempel 29. Dezember 1905, IISG: KDXVI, 278.
89 Nettl, a. a. O., S. 289.
90 Neue Strömungen ... In: «Die Neue Zeit», a. a. O., S. 213.
91 Organisationsfragen der russischen Sozialdemokratie. In: «Die Neue Zeit» XXII (1903/04), II, S. 492, 533.
92 Frölich, a. a. O., S. 100.
93 R. L. an Luise Kautsky, 1. September 1904, IISG: KDXVI, 198; R. L. an Leo Jogiches, 23. September 1904. In: Tych, a. a. O., Bd. II (1968), S. 300 (Übers. wie Anm. 41).
94 R. L. an Karl und Luise Kautsky, undat., IISG: KDXVI, 262.
95 Frölich, a. a. O., S. 100.
96 Gewerkschaftskampf und Massenstreik. Berlin 1928. S. 424–425.
97 «Protokoll über die Verhandlungen des Parteitages der Sozialdemokratischen Partei Deutschlands, abgehalten zu Jena». Berlin 1905. S. 320.
98 Gewerkschaftskampf und Massenstreik, S. 388.
99 R. L. an Leo Jogiches, 3. November 1905, zit. in: Nettl, a. a. O., S. 306.
100 Parteitagsprotokoll Jena, S. 269.
101 Die Hetzer an der Arbeit in: Gewerkschaftskampf und Massenstreik, S. 247.
102 Ebd., S. 248, 250.
103 R. L. an Karl und Luise Kautsky, 15. Dezember 1905, IISG: KDXVI, 279.

104 R. L. an Luise Kautsky, 2. Januar 1906, IISG: KDXVI, 202.

105 R. L. an Karl und Luise Kautsky, undat., IISG: KDXVI, 203.

106 R. L. an Karl und Luise Kautsky, 5. Februar (1906), IISG: KDXVI, 204.

107 *Gewerkschaftskampf und Massenstreik*, S. 70.

108 R. L. an Karl und Luise Kautsky, 11. Januar (1906), IISG: KDXVI, 185.

109 Nettl, a. a. O., S. 336.

110 R. L. an Karl und Luise Kautsky, undat., angek. 13. März 1906, IISG: KDXVI, 205.

111 R. L. an Karl Kautsky, undat., angek. 15. März 1906, IISG: KDXVI, 280.

112 R. L. an Karl und Luise Kautsky, undat., IISG: KDXVI, 207.

113 Ebd.

114 R. L. an Karl und Luise Kautsky, 7. April 1906, IISG: KDXVI, 206.

115 Adolf (Warszawski) an Karl Kautsky, 15. Mai 1906, IISG: KDXVI, 64.

116 R. L. an Sophie Liebknecht, 18. Februar 1917. In: *Briefe aus dem Gefängnis*. Berlin 1932. S. 22–23.

117 Frölich, a. a. O., S. 144.

118 «Brüsseler» (Józef Luxenburg) an Arthur Stadthagen, 26. Juni 1906. In: *Briefe an Freunde*, S. 34.

119 R. L. an Emanuel Wurm, 8. Juli 1906; ebd., S. 41.

120 R. L. an Emanuel und Mathilde Wurm, 18. Juli 1906; ebd., S. 43.

121 R. L. an Emanuel und Mathilde Wurm, 11. August 1906; ebd., S. 35.

122 R. L. an Karl und Luise Kautsky, 11. August 1906, IISG: KDXVI, 211.

123 Vgl. Paul Frölich: «Rosa Luxemburg». Berlin 1928. S. 26; «Die Volksversammlung im Nibelungensaal». In: «Volksstimme» (Mannheim) vom 26. September 1906.

124 R. L. an Luise Kautsky, 22. August 1906, IISG: KDXVI, 213.

125 R. L. an Luise Kautsky, 17. März (1910), IISG: KDXVI, 226.

126 Heinrich Schulz: «Arbeiterbildung». In: «Die Neue Zeit» XXIV (1905/06), II, S. 268.

127 R. L. an Luise Kautsky, Ostern 1907, IISG: KDXVI, 216.

128 «Protokoll über die Verhandlungen des Parteitages der Sozialdemokratischen Partei Deutschlands, abgehalten zu Nürnberg». Berlin 1908. S. 57.

129 Zit. bei Nettl, a. a. O., S. 375.

130 Parteitagsprotokoll Nürnberg, S. 230.

131 «Protokoll über die Verhandlungen des Parteitages der Sozialdemokratischen Partei Deutschlands, abgehalten zu Essen». Berlin 1907. S. 90.

132 R. L. an Wilhelm Dittmann [23. Mai 1911]. (SPD-Archiv, Bonn).

133 *Die zwei Methoden der Gewerkschaftspolitik*. In: «Die Neue Zeit» XXV (1906/07), I, S. 137.

134 «Protokoll über die Verhandlungen des Parteitages der Sozialdemokratischen Partei Deutschlands, abgehalten zu Magdeburg». Berlin 1910. S. 58.

135 «Protokoll über die Verhandlungen des Parteitages der Sozialdemokratischen Partei Deutschlands, abgehalten zu Chemnitz». Berlin 1912. S. 46.

136 «Protokoll über die Verhandlungen des Parteitages der Sozialdemokra-

tischen Partei Deutschlands, abgehalten zu Jena». Berlin 1911. S. 47. S.
«Protokoll über die Verhandlungen des Parteitages der Sozialdemokratischen Partei Deutschlands, abgehalten zu Jena». Berlin 1913. S. 34.

137 Rosi Wolfstein: «Rosa Luxemburg als Lehrerin». In: «Die junge Garde» 10 (1920), S. 75.

138 R. L. an Luise Kautsky, undat., Poststempel 9. Januar 1913, IISG:
KDXVI, 233.

139 R. L. an Wilhelm Dittmann [23. Mai 1911]. (SPD-Archiv, Bonn); s.
R. L. an Mathilde Seidel, 3. Februar 1908 (Nachl. Seidel 47 a, Zentralbibl. Zürich).

140 Einführung in die Nationalökonomie. Berlin 1925. S. 256.

141 Nettl, a. a. O., S. 377.

142 Die Akkumulation des Kapitals. Ein Beitrag zur ökonomischen Erklärung des Imperialismus. Leipzig 1921. Vorwort.

143 Ebd., S. 362.

144 G. Ecksteins Besprechung von Die Akkumulation ... in: «Literarische
Rundschau», «Vorwärts» 30 (vom 6. Februar 1913), S. 2.

145 Die Akkumulation des Kapitals. Oder was die Epigonen aus der Marxschen Theorie gemacht haben. Leipzig 1921. S. 5–6, 9.

146 R. L. an die Redaktion der «Neuen Zeit», 27. Dezember 1915, IISG:
KDXVI, 286.

147 Was die Epigonen aus der Marxschen Theorie gemacht haben, S. 115.

148 Ebd., S. 120.

149 «Protokoll des Internationalen Sozialistischen Arbeiterkongresses in der
Tonhalle Zürich vom 6. bis 12. August 1893». Zürich 1894. S. 14.

150 Ebd., S. 15.

151 «Bericht an den III. Internationalen Socialistischen Arbeiterkongress in
Zürich 1893 über den Stand und Verlauf der socialdemokratischen Bewegung in Russisch-Polen 1889–1893. Erstattet von der Redaktion der
Zeitschrift ‹Sprawa Robotnicza› [Sache der Arbeiter]. Organ der Sozialdemokraten des Königreich Polen». o. O., o. J. S. 7.

152 «Bericht der polnischen Delegation an den Internationalen Socialistischen Arbeiter und Gewerkschafts-Congreß in London 1896». o. O.,
o. J. S. 6.

153 «Internationaler Sozialisten-Kongreß zu Paris, 23. bis 27. Sept. 1900».
Berlin 1900. S. 27; s. S. 28.

154 R. L. an Hans Diefenbach, 27. August 1917. In: Briefe an Freunde,
S. 129.

155 «Internationaler Sozialisten-Kongreß zu Amsterdam, 14. bis 20. August 1904». Berlin 1904. S. 49.

156 S. Helmut Hirsch: «Duell mit Jaurès». In: «August Bebel». Köln–Berlin 1968. S. 206–218; «Jean Jaurès als Historiker». In: «Denker und
Kämpfer». Frankfurt a. M. 1955. S. 149–181.

157 «Sixième Congrès Socialiste International, tenu à Amsterdam du 14
au 20 août 1904, compte rendu analytique». Bruxelles 1904. S. 174.

158 Ludwig Frank: «Briefe aus Amsterdam». Offenburg 1904. S. 35–36.

159 «Internationaler Sozialisten-Kongreß, Stuttgart 1907 vom 18. bis 24.
Aug.». Berlin 1907. S. 18.

160 Ebd., S. 85.

161 «VIIe Congrès Socialiste International, tenu à Stuttgart du 16 au 24 août 1907, compte rendu analytique». Bruxelles 1908. S. 123.

162 Sozialisten-Kongreß Stuttgart, a. a. O., S. 97–98.

163 «Internationaler Sozialisten-Kongreß zu Kopenhagen, 28. Aug. bis 3. Sept. 1910». Berlin 1910. S. 116.

164 S. Georges Haupt: «Der Kongreß fand nicht statt». Wien–Frankfurt a. M.–Zürich 1967. S. 158–159, 193; «Lénine, les Bolcheviks et la IIe Internationale». In: «Cahiers du Monde Russe et Soviétique» VII/1966, H. 3, S. 378–407.

165 Im Orig. permettiez. Dok. 25, Carl Grünberg: «Die Internationale und der Weltkrieg». In: «Archiv für die Geschichte des Sozialismus und der Arbeiterbewegung» VI (1916), S. 407.

166 R. L. an Luise Kautsky, 3. Dezember 1916, IISG: KDXVI, 240.

167 R. L. an Karl und Luise Kautsky, undat., IISG: KDXVI, 263.

168 «Dr. Rosa Luxemburg in Freiburg». In: «Volkswacht» vom 9. März 1914, S. 2.

169 R. L. an Luise Kautsky, 26. Januar 1917, IISG: KDXVI, 242.

170 R. L. an Luise Kautsky, undat. (ges. 7. Februar 1917), IISG: KDXVI, 244. Der Beethovenspieler Hans Kautsky ist Luisens Schwager.

171 R. L. an Luise Kautsky, 15. November 1917, IISG: KDXVI, 250.

172 R. L. an Luise Kautsky, 24. November 1917, IISG: KDXVI, 251.

173 R. L. an Luise Kautsky, 19. Dezember 1917, IISG: KDXVI, 253; 29. Mai 1918, IISG: KDXVI. 257.

174 Der Kommandant der Residenz Berlin an den Ersten Staatsanwalt des Königl. Landgerichts Düsseldorf, 23. Oktober 1916, Rep. 18/584, Bd. II, Bl. 115 (Staatsarchiv Schloß Kalkum).

175 R. L. an Luise Kautsky, 25. Juli 1918, IISG: KDXVI, 258.

176 R. L. an Hans Diefenbach, 23. Juni 1917. In: *Briefe an Freunde*, S. 114.

177 R. L. an Hans Diefenbach, 13. August 1917; ebd., S. 126.

178 R. L. an Mathilde Wurm, 28. Dezember 1916; ebd., S. 44–46.

179 Stabschef v. Berge an Königl. Landgericht Düsseldorf, 22. September 1916, Rep. 18/584, Bl. 81, a. a. O.

180 R. L. an Mathilde Jakob, 16. September 1916; ebd., Bl. 82.

181 S. Oberstaatsanwalt beim Königl. Kammergericht an Königl. Amtsgericht Berlin-Mitte, 22. April 1915; ebd., Bd. I, Bl. 91.

182 Königl. Amtsgericht Berlin-Mitte, Verhör der Voruntersuchung 1. Juli 1915; ebd., Bl. 93.

183 Verhör vom 27. Juli 1915; ebd., Bl. 106.

184 R. L. an Königl. Staatsanwaltschaft Düsseldorf, 30. Oktober 1916; ebd., Bd. II, Bl. 122.

185 *Der Wiederaufbau der Internationalen*. In: «Die Internationale» I, H. 1 (15. April 1915), S. 4.

186 «Die deutsche Partei und der Krieg». In: «Berner Tagwacht» 254 vom 30. Oktober 1914, S. 1.

187 «Die Zimmerwalder Bewegung: Protokolle und Korrespondenz». Hg. v. Horst Lademacher. The Hague 1967. I, S. 179.

188 G. Sinowjew: «Die II. Internationale und das Kriegsproblem». In: N. Lenin und G. Sinowjew, «Gegen den Strom». Hamburg 1921. S. 462, 476.

189 «Karl Liebknecht und Rosa 'Luxemburg. Reden von G. Sinowjew u. L. Trotzki auf der Sitzung des Petrograder Sowjets am 18. Januar 1919». Petrograd 1920. S. 16.

190 Parteitagsprotokoll Nürnberg, S. 268.

191 W. I. Lenin: «Sämtliche Werke». Wien–Berlin 1930. Bd. XIX, S. 212.

191a Die Richtigkeit der bei Nettl belegten Angabe, wonach über 300 Telegramme das Zusammenrufen besorgt haben sollen, wurde von Rosi Frölich (in einer mündlichen Mitteilung an den Herausgeber) als nicht mit konspirativer Vorsicht zu vereinbarend bestritten.

192 Die Krise der Sozialdemokratie. Berlin o. J. Einl. S. 3, 51, 57, 87, 93, 96.

193 Der Rhodus in: «Spartacus» 1 vom 20. September 1916. In: «Spartakusbriefe». Berlin (Ost) 1958. S. 216.

194 Liebknecht, ebd., S. 220.

195 R. L. an Hans Diefenbach, 27. März 1917. In: Briefe an Freunde, S. 88.

196 Offene Briefe an Gesinnungsfreunde. In: «Der Kampf» (Duisburg) 31 vom 6. Januar 1917. In: «Dokumente und Materialien zur Geschichte der Deutschen Arbeiterbewegung». Berlin (Ost) 1958. Reihe II, Bd. 1, 2. Aufl., S. 525.

197 R. L. an Luise Kautsky, 24. September 1917, IISG: KDXVI, 251.

198 Korolenko, a. a. O., S. XXIX.

199 R. L. an Luise Kautsky, 13. September 1916, IISG: KDXVI, 239.

200 R. L. an Luise Kautsky, 3. Dezember 1916, IISG: KDXVI, 240.

201 R. L. an Luise Kautsky, 26. Januar 1917, IISG: KDXVI, 242.

202 R. L. an Luise Kautsky, 28. Mai 1918, IISG: KDXVI, 256.

203 M. Korallov: «Roza Luksemburg – Literaturnyj Kritik». Einleitung zu O literature. Gosudarstvennoe izdatel'stvo khudozhestvennoj literatury. Moskau 1961. S. 30.

204 The Russian Revolution and Leninism or Marxism?. Eingel. von Bertram D. Wolfe. Ann Arbor 1962. S. 24.

205 R. L. an Hans Diefenbach, 8. März 1917. In: Briefe an Freunde, S. 85; s. S. 84.

206 R. L. an Karl Kautsky, undat., IISG: KDXVI, 285.

207 R. L. an Robert Seidel, undat. [11.–15. August 1898], (Nachlaß Seidel 47 a, Zentralbibl. Zürich).

208 R. L. an Karl Kautsky, undat. [6. Juli 1890], IISG: KDXVI, 267; Haupt: «Lénine», a. a. O.

209 R. L. an Luise Kautsky, undat., IISG: KDXVI, 231.

210 R. L. an Minna Kautsky, 30. Dezember 1900, IISG: KDXVI, 196.

211 Im Original «Ihrem gegenseitigen Verhältnis»; R. L. an Siegfried Austerlitz, 30. Juli 1909; AA15701 (Sozialarchiv Zürich).

212 Felix Weil: «Rosa Luxemburg über die russische Revolution». In: «Archiv für die Geschichte des Sozialismus und der Arbeiterbewegung» XIII (1928), S. 287.

213 Die Russische Revolution. Eine kritische Würdigung. Berlin-Fichtenau 1922. S. III.

214 *Die russische Revolution.* In: *Politische Schriften.* Frankfurt a. M. 1968. Bd. III, S. 118, 120, 122, 133, 134, 135, 136, 140, 141.

215 «Die Volksversammlung im Nibelungensaal». In: «Volksstimme» (Mannheim) vom 26. September 1906, S. 1.

216 *Das Offiziösentum der Theorie.* In: «Die Neue Zeit» XXXI (1912/13), II, S. 828–843; Zitat von Korrekturfahne 7, KD F 39 (IISG).

217 R. L. an Luise Kautsky, 15. April 1917, IISG: Kollektion R. L.

218 Aufzeichnung vom 16. Oktober 1918; zit. n. «Die deutsche Revolution 1918–1919. Dokumente». Frankfurt a. M.–Hamburg 1968. S. 25.

219 R. L. an Sophie Liebknecht, 18. Oktober 1918. In: *Briefe aus dem Gefängnis,* S. 93.

220 «Der Mord an Rosa Luxemburg und Karl Liebknecht». Frankfurt a. M. 1967. S. 21.

221 «Die deutsche Revolution», a. a. O., S. 78.

222 Nettl, a. a. O., S. 685.

223 S. «Die zweite Proklamation Eberts zum Präsidenten» in: «Die Rote Fahne» 1 vom 14. Dezember 1918; Abb. S. 121.

224 *Rede zum Programm.* Gehalten auf dem Gründungsparteitag der Kommunistischen-Partei Deutschland (Spartakusbund) am 29.–31. Dezember 1918 zu Berlin. Berlin 1919. S. 16, 18–19.

225 R. L. an Clara Zetkin, 11. Januar 1919; Heinz Küster: «Die Rolle der ‹Roten Fahne› bei der Vorbereitung der Gründung der KPD». In: «Zeitschrift für Geschichtswissenschaft» XI (1963), S. 1481, s. S. 1480.

226 *Was will der Spartakusbund?.* Berlin 1919. S. 22–23.

227 R. L. an Leo Jogiches, 24. Juni 1898. In: Tych, a. a. O., I, S. 218 (Übers. wie Anm. 39).

228 R. L. an Sophie Liebknecht, 2. Mai 1917. In: *Briefe aus dem Gefängnis,* S. 32.

229 R. L. an Luise Kautsky, 25. Juli 1918, IISG: KDXVI, 258.

230 Küster, a. a. O., S. 1480, 1481.

231 «Der Mord an Rosa Luxemburg und Karl Liebknecht», a. a. O., S. 141 (dort statt hinaufgeführt «hinausgeführt»).

232 Erklärung Bischofs G. Fork vom 21. 1. 88 in der Andreaskirche zur Demonstration am 17. 1. 1988; Stellungnahme der Kirchenleitung der Ev. Kirche in Berlin vom 30. 1. 1988; S. M. Kamnitzer, «Die Toten mahnen», in: «Neues Deutschland», 2. 2. 1988; ders., «... immer nur Freiheit des Andersdenkenden», ebd.; «Antwort aus der Bevölkerung», ebd.; A. Juhre an H. Hirsch, 16. 8. und 29. 8. 1994; Vera Wollenberger, «Ein Zitat und seine Folgen», in: 100 Jahre Leipziger Volkszeitung, 1. Oktober 1994, S. 14.

ZEITTAFEL

1871	5. März: Rosalia Luxenburg in Zamost geboren
1873	Übersiedlung nach Warschau
1880	Eintritt in die erste Klasse des Zweiten Warschauer Mädchengymnasiums
1887	14. Juni: Abgangszeugnis vom Gymnasium
1888	15. März: Ausstellung eines polnischen Passes
	Ende/Anfang 1889: Flucht über die deutsch-polnische Grenze
1889	18. Februar: Anmeldung in Oberstraß (Zürich), Nelkenstr. 5; dann als Untermieter Universitätsstr. 79
1890/91	Wintersemester: Immatrikulierung bei der Philosophischen Fakultät der Universität Zürich: «Geschichte und Theorie der Nationalökonomie», «Geschichte, Theorie und Praxis der Statistik», «Geschichte der neuen Philosophie bis auf Kant», «Philosophisch-pädagogisches Kränzchen, verbunden mit Vortragsübungen und Lektüre philosophischer und pädagogischer Klassiker». Löw (Leo) Jogiches belegt «Allgemeine Botanik», «Allgemeine Zoologie»
1891/92	Wintersemester: «Staatswissenschaftliches Seminar»
1892	22. Februar: Abmeldung nach Berlin
	11. Mai: Anmeldung (als Untermieter) in Hottingen (Zürich), Hofstr. 15
	Sommersemester: Rosa hört (neben «Kritischen Übungen aus der Geschichte des Mittelalters») «Finanzwissenschaft», Leo u. a. «Geschichte und Therapie der Wirtschafts- und Börsenkrisen» bei Prof. Wolf
1892/93	Wintersemester: «Juristische Enzyklopädie», «Völkerrecht», «Geschichte und Theorie der Nationalökonomie». Umzug als Untermieter nach Hottingen (Zürich), Freiestr. 2
	Sommersemester: Rosa und Leo belegen nacheinander «Allgemeines Staatsrecht» und sitzen gemeinsam in Prof. Wolfs «Staatswissenschaftlichem Seminar»
	Juli: Mitgründung der polnischen sozialdemokratischen Zeitschrift «Sache der Arbeiter» in Paris
	8. August: Ablehnung des Mandats seitens des Internationalen Sozialistischen Arbeiterkongresses in Zürich
1893/94	Wintersemester: Umzug nach Hottingen (Zürich), Plattenstr. 47
1894	März: Erster (illegaler) Parteitag der Sozialdemokratie des Königreichs Polen in Warschau
1894/95	Wintersemester: Forschungen in der Czartoryski- und in der Nationalbibliothek, Paris
1895	21. Oktober: Aufenthalt in der Pension «Bürki», Blonay-sur-Vevey
1895/96	Wintersemester: «Übungen im Öffentlichen Recht», «Übungen an Malthus' Hauptwerk ...», «Juristische Enzyklopädie»
	Sommersemester: Umzug nach Oberstraß (Zürich), Universitätsstr. 77; «Versicherungsrecht», «Die Lehre vom subjektiven Recht»
	12. Juli: Begegnung mit führenden Sozialisten in Paris

	27. Juli–1. August: Teilnahme am Internationalen Sozialisten-kongreß in London
1897	1. Mai: Promotion magna cum laude als Dr. juris publici et rerum cameralium, anschließend Reise nach Paris. Währenddessen Tod der Mutter
	10. September: Pensionär im Wirtschaftsbetrieb «Zur Tanne» in Weggis (Luzern)
1898	29. Januar–3. Februar: Eheverkündigung in Basel, Berlin, Bern und Weggis
	19. April: Ziviltrauung mit Gustav Lübeck in Basel
	24. April: Adresse des Ehepaars Lübeck-Luxemburg: bei Herrn Grosovski [Leo], Zürich, Zürichbergstr. 58 I
	Mitte Mai: Ankunft in Berlin, erstes Zimmer Cuxhavener Str. 2
	Juni: Parteiarbeit in Oberschlesien
	Ende September: Ernennung zur Chefredakteurin der «Sächsischen Arbeiter-Zeitung» in Dresden
	3.–9. Oktober: Teilnahme am SPD-Parteitag in Stuttgart
	2. November: Rücktrittsangebot der Chefredakteurin
1899	Juli: Reise zu Leo nach Zürich
	Herbst: Bezug einer Wohnung in Friedenau (Berlin), Wieland-str. 23
	9.–14. Oktober: Teilnahme am SPD-Parteitag in Hannover
	Ende Dezember: Agitationsreise nach Oberschlesien
1900	Ostern: Teilnahme am Parteitag der preußischen PPS
	17.–21. September: Teilnahme am SPD-Parteitag in Mainz
	23.–27. September: Teilnahme am Internationalen Sozialisten-kongreß in Paris, währenddessen Tod des Vaters
1901	22.–28. September: Teilnahme am SPD-Parteitag in Lübeck
	26.–27. September: Verurteilung in Posen wegen öffentlicher Beleidigung zu 100 M. Geldstrafe
	30. Oktober: Der Tod des befreundeten Chefredakteurs der «Leipziger Volkszeitung», Bruno Schoenlank, führt zur Ernennung als deren Mitleiter neben Franz Mehring
1902	Anfang: Streit mit Mehring
	Frühjahr (?): Umzug nach Friedenau (Berlin), Cranachstr. 58
	14.–20. September: Teilnahme am SPD-Parteitag in München
	Oktober: Beendigung jeder Mitarbeit an der «Leipziger Volkszeitung»
1903	4. April: Scheidung der Ehe mit Lübeck
	Ende Mai: Agitationsreise in die östliche Provinz
	13.–20. September: Teilnahme am SPD-Parteitag in Dresden
1904	16. Januar: Verurteilung in Zwickau wegen Majestätsbeleidigung zu drei Monaten Gefängnis
	14.–20. August: Teilnahme am Internationalen Sozialistenkongreß in Amsterdam
	26. August: Antritt der Gefängnisstrafe in Zwickau *in einer Zelle, die meine 7 Schritt in die Länge u*(nd) *4 in die Breite misst* (IISG: KDXVI, 187)

1905	Anfang November: Einstellung als Redakteurin beim «Vorwärts»
	29. Dezember: Beginn der Revolutionsreise Berlin, Alexandrowo, Thorn, Illowo, Mlava, Warschau
1906	11. Januar: *Meine Geschwister sehe ich einmal in der Woche* (IISG: KDXVI, 185)
	4. März: Verhaftung
	vor Mitte März: Überführung vom Gefängnis im Warschauer Rathaus ins Pawiak-Gefängnis
	11. April: Überführung in den Pavillon X der Warschauer Festung
	Anfang August: Freilassung gegen Kaution
	10.–12. August: Ankunft in Kuokkala, Finnland; Parteibesuche aus und in St. Petersburg
	23.–29. September: Teilnahme am SPD-Parteitag in Mannheim
	15. November: Eröffnung der SPD-Parteischule, Berlin, Lindenstraße
	12. Dezember: Verurteilung in Weimar wegen Anreizung verschiedener Klassen der Bevölkerung zu Gewalttätigkeiten in einer den öffentlichen Frieden gefährdenden Weise zu zwei Monaten Gefängnis
1907	16.–24. August: Teilnahme am Internationalen Sozialistenkongreß in Stuttgart
	1. Oktober: Beginn der Dozententätigkeit an der Parteischule
1908	13.–19. September: Teilnahme am SPD-Parteitag in Nürnberg
1909	Sommer: Dr. Józef Luxenburg auf dem Medizinischen Kongreß für Fabrikunfälle in Rom
1910	28. August–3. September: Teilnahme am Internationalen Sozialistenkongreß in Kopenhagen
	18.–24. September: Teilnahme am SPD-Parteitag in Magdeburg
1911	(Herbst?): Umzug nach Südende (Berlin), Lindenstr. 2
	8.–9. September: Teilnahme am SPD-Parteitag in Jena
	23. September: Aktion gegen *die verheerende Steigerung der Lebenshaltungskosten* (Haupt, «Der Kongreß . . .», a. a. O., S. 112) auf der Sitzung des Internationalen Sozialistischen Büros
1912	24.–25. November: Teilnahme am Außerordentlichen Internationalen Sozialistenkongreß in Basel
1913	14.–20. September: Teilnahme am SPD-Parteitag in Jena, mit Paul Levi, der bald Rosas Anwalt und Geliebter wird
	3. November: Geheimschreiben des Berliner Polizeipräsidenten an die Münchner Polizeidirektion: «... hetzt ... in fanatischer Weise zur Propaganda der Tat auf . . .»
1914	20. Februar: Verurteilung in Frankfurt a. M. wegen Vergehens gegen § 110 zu einem Jahr Gefängnis
	7. März: Freiburger Rede
	Mitte–Ende Juli: Politische Besprechungen in Brüssel
	29.–30. Juli: Teilnahme an der Sitzung des Internationalen Sozialistischen Büros und am Internationalen Meeting gegen den Krieg in Brüssel

20. Oktober: Verwerfung des Revisionsantrags durch das Reichsgericht

Dezember–Mitte Januar 1915: Aufenthalt im Auguste-Victoria-Krankenhaus

1915 18. Februar: Verhaftung zwecks Strafantritt trotz seiner Verschiebung wegen Krankheit auf den 31. März

20. Juli: Einleitung eines Strafverfahrens wegen versuchten Hoch- und Landesverrats seitens des Ersten Staatsanwalts in Düsseldorf

1916 18. Februar: Entlassung aus dem Königlich-Preußischen Weibergefängnis in Berlin, Barnimstr. 10

Ende Februar/Anfang März: Erscheinen der Junius-Broschüre

10. Juli: Wiederverhaftung zwecks Sicherheitshaft

27. Juli: Überführung aus einer 11 cbm-Zelle im Berliner Polizeipräsidium zum Frauengefängnis Barnimstraße

26. Oktober: Überführung in die Festung Wronke, Provinz Posen

1917 Anfang August: Überführung ins Breslauer Gefängnis

Mitte August: Verschlimmerung des nervösen Magenleidens

25. Oktober: Dr. med. Hans Diefenbach fällt in Frankreich

31. Dezember: Einstellung des Verfahrens seitens des Ersten Staatsanwalts, Düsseldorf

1918 22. Februar: Endgültige Ablehnung der Haftentlassung aus Gesundheitsgründen seitens des Reichsgerichts

9. November: Haftentlassung; Rede auf dem Breslauer Domplatz; Weiterfahrt nach Berlin

11. November: Vertreibung aus dem gekaperten, in «Rote Fahne» umbenannten «Berliner Lokal-Anzeiger»

14. Dezember: Veröffentlichung des Programms des Spartakusbunds

15. Dezember: Rede auf der Generalversammlung der USPD Groß-Berlins

29.–31. Dezember: Teilnahme am Gründungsparteitag der KPD

1919 Anfang Januar: Unterstützung der Aufständischen trotz inneren Widerstrebens; ständiger Quartierwechsel wegen Verhaftungsgefahr

15. Januar abends: Verhaftung in Wilmersdorf, Mannheimer Str. 43 bei Markussohn; Verhöhnung, Mißhandlung im Eden-Hotel; Ermordung beim Abtransport und Versenkung des Opfers im Landwehrkanal

18. Januar: Gedenkfeier des Petrograder Sowjets

25. Januar: Hinablassung eines leeren Sargs an der Seite des ermordeten Karl Liebknecht und 31 anderer gefallener Genossen auf dem Friedhof Friedrichsfelde (Berlin)

2. Februar: Trauerfeier im Lehrer-Vereinshaus in Berlin

31. Mai: Bergung der an einer Schleuse angeschwemmten Leiche gegen 3 M. Gebühr

13. Juni: Beerdigung in Friedrichsfelde

ZEUGNISSE

Luise Kautsky

Ihr Äußeres war klein und wäre unscheinbar gewesen, hätten nicht ihre schönen, leuchtenden Augen, das feine Oval des Gesichts, der schöne Teint und das reiche dunkle Haar sowie hauptsächlich der Ausdruck von Intelligenz sie verschönt.

Rosa Luxemburg. 1929

Karl Kautsky

Meisterin des Wortes und der Feder, reich belesen, mit starkem theoretischen Sinn, scharfsinnig und schlagfertig, mit einer geradezu fabelhaften Unerschrockenheit und Respektlosigkeit, die sich vor niemand beugte, – den einzigen Jogiches ausgenommen – erregte sie schon bei ihrem ersten Auftreten allgemeine Aufmerksamkeit und gewann sie begeisterte Zustimmung, ja stellenweise geradezu schwärmerische Bewunderung derjenigen, deren Sache sie vertrat, sowie den bittersten Haß derjenigen, gegen den sie den Kampf aufnahm.

Rosa Luxemburg, Karl Liebknecht, Leo Jogiches. 1921

Clara Zetkin

Die kleine gebrechliche Rosa war die Verkörperung beispielsloser Energie. Sie forderte jeden Augenblick das Höchste von sich und erhielt es. Wenn sie unter einer Überanstrengung zusammenzubrechen drohte, so «erholte» sie sich bei einer noch größeren Leistung. Bei Arbeit und Kampf wuchsen ihr Flügel.

Rosa Luxemburg und Karl Liebknecht. 1919

Igorij Sinowjew

Ich erinnere mich der Gespräche mit Rosa Luxemburg 1906 im Dorf Kuokkala in der kleinen Wohnung des Genossen Lenin, der sich damals halb und halb schon in der Emigration befand, nachdem unsere erste Revolution bereits zertrümmert war. Der erste, der theoretisch die Bilanz dieser unterdrückten Revolution zu ziehen begann, der erste Theoretiker des Marxismus, der erfaßte, was unsere Räte bereits 1905 waren, obgleich sie erst kaum aufkeimten, der erste europäische Marxist, der sich deutlich jene Rolle vorstellte, die den revolutionären Massenaufständen im Einklang mit bewaffnetem Aufstand bevorsteht – war Rosa Luxemburg. Ihre glänzenden Broschüren und Artikel über den Massenstreik, ihre Reden in Jena auf dem deutschen sozialdemokratischen Kongreß, der zur Zeit unserer Revolution stattfand, ihre Hinweise auf die Rolle, welche den Arbeiterräten zu spielen bevorsteht – alle diese Hinweise, die vor mehr als zehn Jahren gemacht wurden, haben eine ungeheure historische Bedeutung.

Trauerrede vom 18. Januar 1919

Leo Trotzki

Seine Freundschaft mit Rosa Luxemburg fiel in die beste Periode der geistigen Arbeit Kautskys. Doch schon bald nach der Revolution von 1905 tauchten die ersten Anzeichen der Abkühlung in ihren Beziehungen auf. Kautsky sympathisierte mit der russischen Revolution und kommentierte sie recht gut – aus der Entfernung. Aber er hatte eine organische Feindseligkeit gegen die Übertragung der revolutionären Methoden auf deutschen Boden. Vor der Demonstration im Treptower Park traf ich in der Wohnung von Kautsky Rosa Luxemburg im grimmigen Streit mit dem Alten. Obwohl sie noch per «Du» und im Tone naher Freundschaft sprachen, konnte man doch in den Repliken von Rosa deutlich eine verhaltene Wut verspüren und bei Kautsky eine tiefe innere Verlegenheit, die durch einen hilflosen Scherz maskiert war.

Mein Leben. 1930

W. I. Lenin

Ein Adler kann wohl manchmal auch tiefer hinabsteigen als das Huhn, aber nie kann ein Huhn in solche Höhen steigen wie ein Adler. Rosa Luxemburg irrte in der Frage der Unabhängigkeit Polens; sie irrte 1903 in der Theorie der Akkumulation des Kapitals; sie irrte, als sie im Juli 1914 neben Plechanow, Vandervelde, Kautsky u. a. für die Vereinigung der Bolschewiki mit den Menschewiki eintrat; sie irrte in ihren Gefängnisschriften von 1918 (wobei sie selbst beim Verlassen des Gefängnisses Ende 1918 und Anfang 1919 ihre Fehler zum großen Teil korrigierte). Aber trotz aller dieser Fehler war sie und bleibt sie ein Adler.

Notizen eines Publizisten. In: «Prawda», 16. April 1924

Leo Lania

Es gibt hier Briefe, die wie Kapitel aus einem Roman von Flaubert anmuten, wo in ein paar Sätzen dieser «polnischen Jüdin» mehr wahre Poesie, mehr deutsches Wesen steckt als in neun Zehnteln der deutschen Lyrik. Weil sie nicht gedichtet, weil sie erlebt sind. Man mag den Band aufschlagen, wo man will: sei es nun eine einfache «nichtssagende» Postkarte oder ein rein sachlicher Bericht über eine Agitationsreise – man findet nicht eine einzige Phrase in diesen hundert Briefen.

Rosa Luxemburgs Briefe. In: «Die Weltbühne», 1923

Paul Frölich

Der Verzicht auf alles äußerliche Blendwerk ward am deutlichsten dort, wo die Versuchung dazu am stärksten ist: in der öffentlichen Rede. Rosa Luxemburg war eine hinreißende Rednerin. Doch nie machten rhetorische Mittel ihr Glück. Sparsam in großen Worten und Gesten, wirkte sie allein durch den Inhalt ihrer Reden, und nur die silberhelle, volltönende melodische Stimme, die ohne Anstrengung einen großen Saal füllte, kam ihr zu Hilfe. Sie sprach stets frei. Am liebsten ging sie beim Reden lässig auf der Tribüne auf und ab, weil sie sich so dem Hörer näher fühlte. Nach wenigen Sätzen hatte sie mit den Menschen Kontakt und nahm sie dann ganz in den Bann.

Rosa Luxemburg, Ende August 1939

Robert Havemann

Die Erneuerung der Partei, die heute unausweichlich auf der Tagesordnung steht, kann und muß sich in vielen entscheidenden Punkten gerade auf Liebknecht und ganz besonders auf Rosa Luxemburg gründen, deren Schriften seit Jahrzehnten von den Stalinisten unterdrückt worden sind. Sie wurden unterdrückt, weil Rosa Luxemburg mit prophetischer Klarheit bereits die ersten gefährlichen Schritte zur Beseitigung der innerparteilichen Demokratie, die später zum Stalinismus führten, erkannt und schärfstens kritisiert hatte ... Die schöpferische Kraft der Spontaneität der Volksmassen, aber auch ihre Blindheit und Ohnmacht zugleich, sind Fragen, die uns heute nicht weniger beunruhigen als vor 50 Jahren Rosa Luxemburg.

Die Partei ist kein Gespenst. In: «Der Spiegel» Nr. 52/1965

PETER NETTL

Ihr Einfluß reicht über den Umkreis des Marxismus hinaus. Niemand, der unvoreingenommen die Geschichte des politischen Denkens studiert, kann an einem Korpus von Ideen vorübergehen, das auf einmalige Weise vollkommene Treue zum dialektischen Materialismus vereinigt mit einem uneingeschränkten Bekenntnis zu den humanistischen, befreienden Aspekten der revolutionären Demokratie. Wer daran glaubt, daß die Disziplin des Wandels und Fortschritts im wesentlichen eine selbstauferlegte Disziplin sein muß; daß die moderne Industriewirtschaft des Westens das härteste Gefängnis für den menschlichen Geist darstellt und zugleich den einzigen Schlüssel zu seiner Befreiung bietet; daß der revolutionäre Fortschritt direkt vom hochentwickelten Kapitalismus zum Sozialismus führen muß, ohne die historisch rückschrittliche Herrschaft einer kleinen Elite, die nur in rückständigen Gesellschaften eine progressive Rolle spielen kann – wer diese Überzeugungen teilt, der kann nirgends bessere Führung und Anregung finden als im Leben und Werk Rosa Luxemburgs.

Rosa Luxemburg. 1965

HERMANN WEBER

Rosa Luxemburg war die Vorläuferin, ja die eigentliche Begründerin des demokratischen Kommunismus, wie er fast 50 Jahre nach ihrer Ermordung in der ČSSR (und nicht nur dort) offen zutage tritt.

Der Gründungsparteitag der KPD. 1969

MARY-ALICE WATERS

Bis in die Tiefe ihres Wesens war Rosa Luxemburg ein Revolutionär – einer der größten, den die Menschheit jemals hervorgebracht.

Rosa Luxemburg Speaks. 1970

IRING FETSCHER

Der Streit um das Erbe Rosa Luxemburgs, um adäquate Deutung ihres Werkes hält an.

Nachwort zu Paul Frölich: «Rosa Luxemburg». 1973

BIBLIOGRAPHIE

Nachstehende Übersicht enthält die wichtigsten hier benutzten gedruckten Quellen. Ein 50 Druckseiten füllendes, die bibliographischen Arbeiten der polnischen Forscher Jadwiga Kaczanowska und Feliks Tych einschließendes Verzeichnis des Rosa Luxemburg-Schrifttums findet der historisch interessierte Leser in der Biographie des leider im Spätherbst 1968 bei einem Flugzeugunglück in Amerika ums Leben gekommenen Prof. Peter Nettl. Unsere Anmerkungen bzw. die Bildunterschriften und der Quellennachweis der Abbildungen unterrichten über die von uns herangezogenen, vielfach noch unveröffentlichten oder ungenügend edierten ungedruckten Materialien. Es sind das außer den Bilddokumenten im wesentlichen die Briefe aus den Sammlungen des Internationalen Instituts für Sozialgeschichte, Amsterdam; des Institut Français d'Histoire Sociale, Paris; der Hoover Institution on War, Revolution, and Peace, Stanford; des Büchersuchdienstes Pinkus & Co, des Sozialarchivs und der Zentralbibliothek Zürich sowie die Eheschließungsurkunden im Zivilstandsarchiv des Kantons Basel-Stadt, die Prozeßakten des Landgerichts Düsseldorf im Hauptstaatsarchiv Düsseldorf und die Promotionsakten im Staatsarchiv Zürich. Für die Zeittafel kommen die Einwohnerregister im Stadtarchiv und die Kassabücher der Universität Zürich hinzu. Außerdem wurden die Rosa Luxemburg-Briefe im Alfred Henke- und im Wilhelm Dittmann-Nachlaß des SPD-Archivs, Bonn, eingesehen. All denen, die mit Materialien, Auskünften oder Ratschlägen halfen, sei auch an dieser Stelle herzlich gedankt.

1. Biographien, Briefsammlungen, Erinnerungen, Dokumentationen

BADIA, G.: Rosa Luxemburg, journaliste, polémiste, révolutionnaire. Paris 1975
BAIER, A.: Rosa Luxemburgs Dialektik der Revolution. Frankfurt a. M. 1969
BECHER, J. R.: Hymne auf Rosa Luxemburg. In: Die Aktion IX (1919)
BERADT, CH.: Paul Levi. Frankfurt a. M. 1969
B[LUMENBERG], W.: Einige Briefe Rosa Luxemburgs und andere Dokumente. In: Bulletin of the International Institute of Social History VII (1952)
EinigeBriefe Rosa Luxemburgs. In: International Review of Social History VIII (1963)
CIOŁKOSZ, A.: Róza Luksemburg a rewolucja rosyjska. Paris 1961 (Biblioteka «Kultury». LXII)
CLIFF, T.: Rosa Luxemburg. A study. In: Quarterly for Marxist Theory 2–3 (1959)
Correspondance Boleslaw Antoni Jedrzejowski–Antonio Labriola. 1895–1897. Hg. u. eingel. v. G. HAUPT. In: Annali Istituto Giangiacomo Feltrinelli III (1960)
Der Jorns-Prozeß. Rede des Verteidigers Dr. Paul Levi-Berlin. Berlin 1929
Der Mord an Karl Liebknecht und Rosa Luxemburg. Berlin 1920
Der Mord an Rosa Luxemburg und Karl Liebknecht. Dokumentation eines politischen Verbrechens. Hg. von E. HANNOVER-DRÜCK und H. HANNOVER. Frankfurt a. M. 1967
Deux lettres inédites de Rosa Luxembourg. Hg. und eingel. von BRACKE (A. M. Desrousseaux). In: La Nouvelle Revue Socialiste IV (1928/29)
Die deutsche Partei und der Krieg. In: Berner Tagwacht 254 vom 30. Oktober 1914

Die deutsche Revolution 1918–1919. Dokumente. Hg. von G. A. RITTER und S. MILLER. Frankfurt a. M. 1968 (Fischer-Bücherei. 879)

Die Zimmerwalder Bewegung. Protokolle und Korrespondenz. Hg. von H. LADEMACHER. 2. Bde. The Hague 1967

DORNEMANN, L.: Clara Zetkin. Ein Lebensbild. Berlin 1957

ENNESCH, C.: La vie et la mort de Rosa Luxembourg. Paris o. J.

FAKTIOS, J.: Rosa Luxemburg. Leipzig o. J. (Reden zum Sozialismus. 2)

FOUCHÈRE, B.: La vie héroique de Rosa Luxembourg. In: Cahiers Mensuels, März 1948

FRANK, L.: Briefe aus Amsterdam. Offenburg 1904

FRÖLICH, P.: Rosa Luxemburg. In: Encyclopedia of the Social Sciences IX (1933)
Rosa Luxemburg. Gedanke und Tat. Paris 1939–4. Ausg. bearb. von R. Frölich, Nachw. von I. Fetscher. Frankfurt a. M. 1973

HARDEN, M.: Krieg und Friede. Bd. II. Berlin 1918

HAUPT, G. [u. a.]: rosa luxemburg, vive la lutte! correspondance 1891–1914. Paris 1975 (Bibliothèque socialiste. 31)
J'étais, je suis, je serai! Correspondance 1914–1919. Paris 1977 (Bibliothèque socialiste. 34)

HETMANN, F.: Rosa Luxemburg. Frankfurt a. M. 1984
Rosa Luxemburg. Reden, Schriften. Briefe. Frankfurt a. M. (Fischer Taschenbuch 3711)

HOCHDORF, M.: Rosa Luxemburg. Berlin o. J.

HOLST-VAN DER SCHALK, H. R.: Rosa Luxemburg. Zürich–London 1980

Karl Liebknecht und Rosa Luxemburg. Reden von G. Sinowjew und L. Trotzki auf der Sitzung des Petrograder Sowjets am 18. 1. 1919. Petrograd 1920

Karl Liebknecht und Rosa Luxemburg zum Gedächtnis. Rede gehalten von P. Levi bei der Trauerfeier am. 2. Februar 1919 im Lehrervereinshaus zu Berlin. Hg. K. P. D. (Spartakusbund). o. O. o. J.

Karl und Rosa: Erinnerungen. Hg. von ILSE SCHIEL und ERNA MILZ. Berlin (Ost) 1978

KAUTSKY, K.: Erinnerungen und Erörterungen. Hg. von B. KAUTSKY. Den Haag 1960
Karl Liebknecht und Rosa Luxemburg. In: Der Sozialist V (1919)
Rosa Luxemburg, Karl Liebknecht, Leo Jogiches. Berlin 1921

[KAUTSKY, K., M. D.: Schriftliche Mitteilung an den Verfasser vom 30. September 1968]

KAUTSKY, L.: Rosa Luxemburg. Ein Gedenkbuch. Berlin 1929

KESTENBERG, L.: Bewegte Zeiten. Wolfenbüttel–Zürich 1961

KNOBLOCH, H.: «Meine liebste Mathilde». Geschichte zum Berühren. Berlin (Ost) 1985, 2. Aufl. 1986, 3. Aufl. 1988

KOWALIK, T.: Rosa Luxemburg. In: International Encyclopedia of the Social Sciences IX (1968)

KRAUS, K.: Widerschein der Fackel. Glossen. München 1956

KÜSTER, H.: Die Rolle der «Roten Fahne» bei der Vorbereitung der Gründung der KPD. In: Zeitschrift für Geschichtswissenschaft XI (1963)

LACHMANN, J.: Hans Diefenbachs Vermächtnis an Rosa Luxemburg. In: Mitteilungen des Vereins für die Geschichte Berlins 64 (1968)

LASCHITZA, A., und RADCZUN, G.: Rosa Luxemburg. Ihr Wirken in der deutschen Arbeiterbewegung. Berlin 1971; 1980 mit Nachwort von A. Laschitza

LENIN, N., und G. SINOWJEW: Gegen den Strom. Hamburg 1921

LENIN, W. I.: Sämtliche Werke Bd. XIX. Wien–Berlin 1930

LUNATSCHARSKI, A. W.: Profile der Revolution. Frankfurt a. M. 1968

LUTZ, R. H.: Rosa Luxemburg's unpublished prison letters 1916–1918. In: Journal of Central European Affairs XXIII (1963)

LUXEMBURG, R., Briefe an Freunde. Nach dem von Luise Kautsky fertiggestellten Manuskript. Hg. von B. KAUTSKY. Köln 1976

Briefe an Karl und Luise Kautsky. 1896–1918. Hg. von L. KAUTSKY. Berlin 1923. Neuausg. Berlin 1982

Briefe an Leon Jogiches. Übers. aus dem Poln. von Mechthild Fricke-Hochfeld u. a., mit Einl. von Feliks Tych. Frankfurt a. M. 1971

Briefe aus dem Gefängnis. Hg.: Exekutivkomitee der Kommunistischen Jugendinternationale. Berlin 1920 (Internationale Jugendbibliothek) – Neuausg. Berlin (Ost) 1984

Das Menschliche entscheidet. Sammelbd. aus Briefe an Freunde u. Briefe an K. u. L. Kautsky. München 1958 (List-B. 106)

Gesammelte Briefe. Hg. von ANNELIES LASCHITZA und GÜNTER RADCZUN. Bd. 1–3, Berlin (Ost) 1982; Bd. 4, 1983; Bd. 5, 1984; Bd. 6, hg. von ANNELIES LASCHITZA, 1993

Ich umarme Sie in großer Sehnsucht. Briefe aus dem Gefängnis 1915–1918. Hg. und mit einem Vorwort von NARIHIKO ITO. Einleitung von Charles Schüddekopf. Berlin–Bonn 1980 (Dietz Taschenbuch 7). Nachdr. der 2. verb. Aufl. 1986

MARCHLEWSKI, J.: Dem Gedenken Rosa Luxemburgs und Leo Jogiches. In: Die Kommunistische Internationale I (1919)

MÜLLER, R.: Der Bürgerkrieg in Deutschland. Geburtswehen der Republik. Berlin 1925

Vom Kaiserreich zur Republik. Ein Beitrag zur Geschichte der revolutionären Arbeiterbewegung während des Weltkrieges. Wien 1924

NETTL, P.: Rosa Luxemburg. Köln–Berlin 1967

OELSSNER, F.: Rosa Luxemburg. Stuttgart 1952

QUACK, S.: Geistig frei und niemandes Knecht. Paul Levi–Rosa Luxemburg. Köln 1984; Berlin (Ullstein Taschenbuch 27536)

QUACK, S., und ZIMMERMANN, R.: Mathilde Jacob. Von Rosa Luxemburg und ihren Freunden. In: Internationale Wissenschaftliche Korrespondenz zur Geschichte der deutschen Arbeiterbewegung 4 (1988)

RADEK, K.: Rosa Luxemburg, Karl Liebknecht, Leo Jogiches. Hamburg 1921

SCHÜDDEKOPF, O.-E.: Karl Radek in Berlin. In: Archiv für Sozialgeschichte II (1962)

SCHUMACHER, H.: Sie nannten ihn Karski. Berlin (Ost) 1964

Spartakusbriefe. Hg.: Die Vereinigte Kommunistische Partei Deutschlands. 2 Bde. Berlin 1921

Spartakusbriefe. Hg.: Institut für Marxismus-Leninismus bem ZK der SED. Berlin (Ost) 1958

Spartakus im Kriege. Die illegalen Flugblätter des Spartakusbundes im Kriege. Ges. und eingel. von E. MEYER. Berlin 1927

STADLER-LABHART, V.: Rosa Luxemburg an der Universität Zürich, 1889–1897. Zürich 1978 (Schriften zur Zürcher Universitäts- und Gelehrtengeschichte. 2)
STOLTENBERG, W.: Rosa Luxemburg. In: Die Aktion IX (1919)
TARNOW, F.: Die Erziehung auf der Parteischule. In: Vorwärts. Berliner Volksblatt vom 2. Dezember 1909
TROTZKI, L.: Mein Leben. Berlin 1930
– Dt. Rosa Luxemburgs Briefe an Leon Jogiches. Frankfurt a. M. 1971
TYCH, F.: Briefe Rosa Luxemburgs an Hans Kautsky. In: Beiträge zur Geschichte der Arbeiterbewegung XXI (1979²),
  Róza Lukzemburg, Listy do Leona Jogichesa-Tyszki. 2 Bde. Warszawa 1968– Bd. 3: Warszawa 1971 – Ergänzung in: Archiwum Ruchu Robotniczego, III (1976)
Verzeichnisse der Vorlesungen an der Hochschule Zürich 1890–1897
WARSKI, D.: Rosa Luxemburgs Stellung zu den taktischen Problemen der Revolution. Hamburg 1922
WILDE, H.: Rosa Luxemburg. Ich war – ich bin – ich werde sein. Eine Biographie mit Ausz. aus Rosa Luxemburgs Reden und Schriften. Wien–München–Zürich 1970
WOLF, J: Selbstbiographie. In: Die Volkswirtschaftslehre der Gegenwart in Selbstdarstellungen. Hg. von F. MEINER. Bd. I. Leipzig 1924
WOLFSTEIN, R.: Rosa Luxemburg als Lehrerin. In: Die junge Garde 10 (1920)
ZETKIN, C.: Rosa Luxemburg und Karl Liebknecht. Berlin 1919

2. Kongreß- und Versammlungsberichte, Protokolle

Bericht an den III. Internationalen Socialistischen Arbeiterkongress in Zürich 1893 über den Stand und Verlauf der socialdemokratischen Bewegung in Russisch-Polen 1889–1893. Erstattet von der Redaktion der Zeitschrift «Sprawa Robotnicza» [Sache der Arbeiter]. Organ der Socialdemokraten des Königreich Polen. oO. o. J.
Bericht der polnischen Delegation an den Internationalen Sozialistischen Arbeiter- und Gewerkschafts-Kongreß in London 1896. o. O. o. J.
Bulletin Périodique du Bureau Socialiste International 10 (1912)
Der Gründungsparteitag der KPD. Protokoll und Materialien. Hg. und eingel. von H. WEBER. Frankfurt a. M. 1969 (Politische Texte)
Die Volksversammlung im Nibelungensaal. In: Volksstimme (Mannheim) vom 26. September 1906
Dr. Rosa Luxemburg in Freiburg. In: Volkswacht (Freiburg i. B.) vom 9. März 1914
Ein letztes Wort zur Frage des polnischen Mandats. Von Frl. Kruszynska, Vertreterin der «Sprawa Robotnicza», und Karski, Delegierter der Socialdemokratischen Arbeiter von Lodz und Warschau. Zürich 1893 [Flugblatt]
GRÜNBERG, C: Die Internationale und der Weltkrieg. In: Archiv für die Geschichte des Sozialismus und der Arbeiterbewegung VI (1916)
HAUPT, G.: Der Kongreß fand nicht statt. Die Sozialistische Internationale 1914. Wien–Frankfurt a. M.–Zürich 1967 (Europäische Perspektiven)
  Lénine, les Bolcheviks et la IIe Internationale. In: Cahiers du Monde Russe et Soviétique VII/1966, H.3

Protokoll über die Verhandlungen des Parteitages der Sozialdemokratischen Partei
Deutschlands: 1898 (Stuttgart), 1899 (Hannover), 1900 (Mainz), 1901 (Lübeck),
1902 (München), 1903 (Dresden), 1905 (Jena), 1906 (Mannheim), 1907 (Essen),
1908 (Nürnberg), 1909 (Leipzig), 1910 (Magdeburg), 1911 (Jena), 1912 (Chem-
nitz), 1913 (Jena)
Protokoll bzw. compte rendu analytique: Internationaler Sozialistenkongreß 1893
(Zürich), 1896 (London), 1900 (Paris), 1904 (Amsterdam), 1907 (Stuttgart, 1910
(Kopenhagen), 1912 (Basel)
REICHESBERG, J.: Der Internationale Sozialistenkongreß in Stuttgart. Bern 1907
Stenographische Berichte über die Verhandlungen des Reichstags. XI, 2, Bd. 1

3. Sammelausgaben der Werke

Gesammelte Werke. Hg. von C. ZETKIN und A. WARSKI. Einl. von P. FRÖLICH.
Bd. VI: Berlin 1923; III: 1925; IV: 1928
Gesammelte Werke. Bd. 1–5. Berlin (Ost) 1970–1975
Ich war, ich bin, ich werde sein! Artikel und Reden zur Novemberrevolution. Hg.:
Institut für Marxismus-Leninismus beim ZK der SED. Berlin (Ost) 1958
Internationalismus und Klassenkampf. Die polnischen Schriften. Übers. aus dem
Poln. von Heide von Breitstein, eingel. von Jürgen Hentze. Neuwied 1971
(Sammlung Luchterhand. 41)
Politische Schriften. Hg. und eingel. von O. K. FLECHTHEIM. 3 Bd. Köln 1975 (basis
studienausgaben)
Reden. Hg.von GÜNTER RADCZUN. Leipzig 1976 (Reclams Universalbibliothek.
648)
Politische Schriften. Hg. und eingel. von O. K. FLECHTHEIM. 3 Bde. Frankfurt a. M
1985
Redner der Revolution. Bd. XI: Rosa Luxemburg. Einl. von P. FRÖLICH. Berlin
1928
Rosa Luxemburg im Kampf gegen den deutschen Militarismus. Artikel und Reden
aus den Jahren 1913–1915 im Zusammenhang mit den beiden Prozessen gegen
Rosa Luxemburg im Februar und Juni–Juli 1914. Berlin (Ost) 1960
Rosa Luxemburg über die russische Revolution. Einige unveröffentlichte Manu-
skripte. Hg. von F. WEIL. In: Archiv für Geschichte des Sozialismus und der
Arbeiterbewegung XIII (1928)
Schriften zur Theorie der Spontaneität. [Sozialreform oder Revolution – Organisationsfragen der russischen Sozialdemokratie – Massenstreik, Partei und Gewerkschaften – Die russische Revolution – Rede zum Programm] Reinbek
1970 (Texte des Sozialismus und Anarchismus. 249/ 250/ 251)

4. Einzelschriften von Rosa Luxemburg

Chmura, J.: Kósciol a socjalizm. Krakau 1905; Warschau 1906 – Dt. Übers.: Kirche
und Sozialismus. Mit einer Einführung von Dorothee Sölle und Klaus Schmidt.
Frankfurt a. M. o. J. (kleine antworten-Reihe)
Czego chcemy? Komentar do programu Socjaldemokracji Królestwa Polskiego i
Litwy. Warschau 1906
Das Offiziösentum der Theorie. In: Die Neue Zeit XXXI (1912/13), II
Der Sozialismus in Polen. In: Sozialistische Monatshefte 10 (1897)

Der preußische Wahlrechtskampf und seine Lehren. Vortrag gehalten am 17. April 1910 im Zirkus Schumann zu Frankfurt a. M. Frankfurt a. M. o. J.

Der Wiederaufbau der Internationalen. In: Die Internationale 1, I (1915) – Neudr. mit Einl. von H. Wohlgemuth. Zürich 1965

Die Akkumulation des Kapitals. Ein Beitrag zur ökonomischen Erklärung des Imperialismus. Berlin 1913 – Neuausg. Leipzig 1921 – Neudr. in «archiv sozialistischer literatur» Bd. 1 mit Einl. von F. März. Zürich, Frankfurt a. M. 1967

Die Akkumulation des Kapitals. Oder was die Epigonen aus der Marxschen Theorie gemacht haben. Leipzig 1921

Die industrielle Entwicklung Polens. Inaugural-Dissertation zur Erlangung der staatswissenschaftlichen Doktorwürde der hohen staatswissenschaftlichen Fakultät der Universität Zürich vorgelegt. Leipzig 1898

Die Russische Revolution. Eine kritische Würdigung. Aus dem Nachlaß von Rosa Luxemburg hg. und eingel. von P. Levi. Berlin-Fichtenau 1922 – Neuausg. mit einer Einl. von B. Krauss. Hameln 1957

Die zwei Methoden der Gewerkschaftspolitik. In: Die Neue Zeit XXV (1906/1907), I

Einführung in die Nationalökonomie. Hg. von P. Levi. Berlin 1925 – Neuausg. von K. Held. Reinbek 1972 (Texte des Sozialismus und Anarchismus. 268)

Gracchus: Offene Briefe an Gesinnungsfreunde. In: Der Kampf (Duisburg) 31 vom 6. Januar 1917. Wiederabdr. in: Dokumente und Materialien zur Geschichte der deutschen Arbeiterbewegung. Berlin (Ost) 1958. Reihe II, Bd. 1, 2. Aufl., S. 525

Junius: Die Krise der Sozialdemokratie. Anhang: Leitsätze über die Aufgaben der internationalen Sozialdemokratie. Zürich 1916 – Neudr. mit Einl. von C. Zetkin. Berlin 1919

Korolenko, W.: Die Geschichte meines Zeitgenossen. Aus dem Russischen übers. u. mit einer Einl. 2. Bde. Berlin 1919

Massenstreik, Partei und Gewerkschaften. Im Auftrage des Vorstandes der sozialdemokratischen Landesorganisation Hamburgs und der Vorstände der sozialdemokratischen Vereine von Altona, Ottensen und Wandsbeck. Hamburg 1906

Neue Strömungen in der polnischen sozialistischen Bewegung in Deutschland und Oesterreich. In: Die Neue Zeit XIV (1895/96), II

O literature [Über Literatur]. Eingel. von M. Korallov. In: Gosudarstvennoe izdatel'stvo khudozhestvennoj literatury. Moskau 1961

Organisationsfragen der russischen Sozialdemokratie. In: Die Neue Zeit XXII (1903/04), II

Rede zum Programm. Gehalten auf dem Gründungsparteitag der Kommunistischen Partei Deutschlands (Spartakusbund) am 29.–31. Dezember 1918 zu Berlin. Berlin 1919

Sozialreform oder Revolution? Mit einem Anhang: Miliz und Militarismus Leipzig 1899 – Neudr. Leipzig 1919

The Russian Revolution and Leninism or Marxism? Eingel. von B. D. Wolfe. Ann Arbor 1961 – 2. Aufl. 1962

Von Stufe zu Stufe. In: Die Neue Zeit XVI (1897/98), I

Was will der Spartakusbund? Hg.: Kommunistische Partei Deutschland (Sparta-kusbund). Berlin 1919 [Erstabdr. in Die Rote Fahne 29 vom 14. Dezember 1918; Wiederabdr. in Rote Fahne vom Niederrhein bzw. Düsseldorfer Nach-richten 14–18 vom 8.–12. Januar 1919]

5. Sonstige und neueste Literatur

ANDLER, CH.: La décomposition politique du socialisme allemand. 1914–1919. Paris 1919 (Collection de «L'Action Nationale»)

BADIA, G.: Clara Zetkin. Eine neue Biographie. Berlin 1994

BERGMANN, TH., ROJAHN, J., und WEBER, F. (Hg.): Die Freiheit der Andersdenken-den. Rosa Luxemburg und das Problem der Demokratie. Beiträge der sechsten Internationalen Rosa-Luxemburg-Tagung am 1./2. November 1995 in Beijing. Hamburg 1995

CARTARIUS, U.: Leo Jogiches-Tyszka als Mensch und Politiker in Deutschland. In: IWK 27, H. 3 (1991)

Das Leichenhaus. Vorwärts. Berliner Volksblatt. Zentralorgan der sozialdemokra-tischen Partei Deutschlands 36 vom 13. Januar 1919

DASZYŃSKA, Z.: Die Bevölkerung von Zürich im XVIII. Jahrhundert. Bern 1891 [Diss.]

Die Stellung der modernen Frauenbewegung zur Arbeiterinnenfrage. In: Sozia-listische Monatshefte 3 (1897)

Die Linie Luxemburg-Gramsci. Zur Aktualität und Historizität marxistischen Denkens. Argumente-Sonderband 159. Berlin/Hamburg 1989

Die Hinausdrängung der Unabhängigen. In: Die Freiheit 80 vom 30. 12. 1918

Die Richter und die Regierung. In: Die Rote Fahne. Zentralorgan der Kommuni-stischen Partei Deutschlands (Spartakus), begr. von K. Liebknecht und R. Lu-xemburg, 31 vom 17. Februar 1919

DUNAYEVSKAYA, R.: Rosa Luxemburg, Women's Liberation, and Marx's Philo-sophy of Revolution. Atlantic Highlands 1982

ECKSTEIN, G.: Leitfaden zum Studium der Geschichte des Sozialismus. Als Manu-skript gedruckt. Berlin 1910

Besprechung der «Akkumulation». In: Literarische Rundschau. Vorwärts 30 vom 16. Februar 1913

ETTINGER, E.: Rosa Luxemburg. Ein Leben, Bonn 1990

FLECHTHEIM O. K.: Rosa Luxemburg zur Einführung. Hamburg 1985

FORRER-GUTKNECHT, E.: Das Frauenstudium an den Schweizer Hochschulen. Hg.: Schweizerischer Verband der Akademikerinnen. Zürich 1928

[FRANCIS, PH.:] The letters of Junius. London 1843

FRIEDMANN, PH.: Wirtschaftliche Umschichtungsprozesse in der polnischen Ju-denschaft. 1800–1870. New York 1935 (Jewish Studies in Memory of Georg A. Kohut)

FRÖLICH, PAUL: Rosa Luxemburg. Gedanke und Tat. Nachwort von Klaus Kinner. Berlin 1990

GALLO, M.: Rosa Luxemburg. Eine Biographie. Übers. aus dem Französischen von Rainer Pfleiderer und Birgit Kaiser. Zürich 1993

Gedenkfeier. Anzeige. Spartacus. Organ der Kommunistischen Partei Deutsch-land (Spartacusbund), Essen 10 vom 16. Februar 1919

GIETINGER, K.: Eine Leiche im Landwehrkanal. Die Ermordung der Rosa L. Mainz 1993

GREBING, H.: Rosa Luxemburg. In: Klassiker des Sozialismus. Hg. von Walter Euchner. München 1991

HIRSCH, H.: August Bebel. Sein Leben in Dokumenten, Reden und Schriften. Köln 1979

Ein revisionistisches Sozialismusbild. Drei Vorträge von Eduard Bernstein. Hannover 1966

Friedrich Engels. Profile. Wuppertal 1969

Rosa Luxemburg. Strijdbaar en menselijk. Übers. aus dem Deutschen von A. J. Kleiwegt. Amsterdam 1970

Rosa Luxemburg. Übers. aus dem Deutschen von Carlos Gerhard. México 1974

Rosa Luxemburg. Katalanische Übersetzung aus dem Deutschen von J. Parra und J. Vilkar. Barcelona 1992

Seid artig! Briefe Karl Liebknechts an seine Kinder. In: Frankfurter Allgemeine Zeitung, 5. Jan. 1993

Vom Zarenhaß zur Revolutionshoffnung. Rußlandbilder deutscher Sozialisten. In: Russen und Rußland aus deutscher Sicht. 19./20. Jahrhundert: Von der Bismarckzeit bis zum Ersten Weltkrieg. Hg. von Mechthild Keller (= Westöstliche Spiegelungen. Hg. von Lew Kopelew. Bd. 4). Im Druck. München, voraussichtlich 1997

«Hi» auf beiden Seiten. Die Sozialisten und die «Jüdische Frage». In: Frankfurter Allgemeine Zeitung, 24. April 1995, S. 13

Unter dem Eindruck von Lassalle wurde Mehring «Kathedersozialist». In: Leipziger Volkszeitung, 27. Februar 1996, S. 3

«Möchte mich ein wenig der Öffentlichkeit zeigen». In: Leipziger Volkszeitung, 2./3. März 1996, S. 3

Ödipus-Drama. Noch eine Luxemburg-Biographie. In: Frankfurter Allgemeine Zeitung, 27. April 1996, S. 9

HOBSON, J. A.: Der Imperialismus. 2. Aufl. Köln 1970 (Studienbibliothek). Übers. aus dem Englischen von H. Hirsch

JACOBS, J.: On Socialists and «The Jewish Question» after Marx. New York–London 1992 (Deutsche Sozialisten und die «jüdische Frage» nach Marx. Mit einem Vorwort von Susanne Miller. Aus dem Englischen von Cornelia Dieckmann. Jüdische Studien, 2. Mainz 1994)

KAPLUN-KOGAN, W. W.: Die jüdische Sprach- und Kulturgemeinschaft in Polen. Berlin–Wien 1917

LASCHITZA, A.: Einige Bemerkungen zu Helmut Hirschs Bildmonographie «Rosa Luxemburg». In: Marxistische Blätter VIII (1970), 3

Rosa Luxemburg und die Freiheit der Andersdenkenden. Extraausgabe des unvollendeten Ms. zur «Russischen Revolution». Berlin 1990

LASCHITZA, A., und G. ADLER (Hg.): Herzlichst Ihre Rosa. Ausgewählte Briefe. 2. Aufl. Berlin 1990

LASCHITZA, A., und E. KELLER: Karl Liebknecht: Lebt wohl, Ihr lieben Kerlchen! Briefe an seine Kinder. Berlin 1992

LASCHITZA, A.: Im Lebensrausch, trotz alledem. Rosa Luxemburg. Eine Biographie. Berlin 1996

Liebknecht und Rosa Luxemburg getötet. In: Berliner Lokal-Anzeiger 16 vom 16. Januar 1919

Luban, O.: Die «innere Notwendigkeit, mithelfen zu dürfen». Zur Rolle Mathilde Jacobs als Assistentin der Spartakusführung bzw. der KPD-Zentrale. In: IWK, 29 H. 4 (1993)

Lubbock, J.: The origin of civilization and the primitive condition of man. o. O. 1870; s. Die vorgeschichtliche Zeit. Übers. von A. Passow. 2 Bde. Januar 1874

Luxemburg-Bild im Meinungsstreit. Materialien des Rosa-Luxemburg-Symposiums in Berlin 5./6. 3. 91. In: BZG 1991, H. 4

Marchlewski, J.: Der Physiokratismus in Polen. Zürich 1896 [Diss.]

Meyer, E.: Kommunismus. In: Volk und Reich der Deutschen. Bd. II. Berlin 1929

Mickiewicz, A.: Poetische Werke. Leipzig 1882–1887; s. a. Pan Tadeusz oder der letzte Einritt in Litauen. Versepos in zwölf Büchern. Hamburg 1956

Mutius, B. von: Die Rosa Luxemburg-Legende. Bd. I. Frankfurt a. M. 1978

Neusüss, Ch.: Die Kopfgeburten der Arbeiterbewegung oder Die Genossin Luxemburg bringt alles durcheinander. Hamburg 1985

Pieck, W.: Gesammelte Reden und Schriften. Bd. I. Berlin 1959

Plenge, O., und R. J. Sorge: Rosa Luxemburgs Akkumulation des Kapitals Solingen [1922]

Proletarier! In: Der Arbeiter-Rat. Organ der Arbeiterräte Deutschlands. 5. Woche I, 1. o. J.

Radiotelegramm des Vorsitzenden des Exekutiv-Komitees der Kommunistischen Internationale. In: Die Kommunistische Internationale 3 (1919)

Rosa Luxemburg in der Verbannung? Leipzig 1992 (Rosa Luxemburg-Verein. Mitteilungen 8)

Rosa Luxemburg und die nationale Frage. Materialien einer Tagung, Potsdam Juni 1993. Hg. vom Brandenburger Verein für politische Bildung «Rosa Luxemburg» e. V.

Sapir, B.: Besprechung der Nettlschen Biographie. In: Slavic Review XXVII (1968)

Schmidt, G.: Rosa Luxemburg. Sozialistin zwischen Ost und West. Göttingen 1988 (Persönlichkeit und Geschichte. 132/33)

Schulz, H.: Volksbildung oder Arbeiterbildung? In: Die Neue Zeit XII (1903/1904), II

Seraphim, P.-H.: Das Judentum im osteuropäischen Raum. Essen 1938

Strobel, G. W.: Die Partei Rosa Luxemburgs, Lenin und die SPD. Der polnische «europäische» Internationalismus in der russischen Sozialdemokratie. Wiesbaden 1974

Trotta, M., und Ensslin, Ch.: Rosa Luxemburg. Das Buch zum Film. Das komplette Drehbuch und alle wichtigen Einstellungen des Films. Nördlingen 1986 (Delphi Kunst und Kulturgeschichte. 1033)

Tych, F.: Georg W. Strobels Geschichte der polnischen Sozialdemokratie und ihrer Beziehungen zur SPD und SDARP. In: IWK 12 (1976)

Weber, H.: Von Rosa Luxemburg zu Walter Ulbricht. Wandlungen des deutschen Kommunismus. Hannover 1961 (Hefte zum Zeitgeschehen Sonderheft 2)

Winter, A.: Die feudalste Ecke des Reiches. In: Sozialistische Monatshefte I (1897)

NAMENREGISTER

Die kursiv gesetzten Zahlen bezeichnen die Abbildungen

Adler, Victor 17, *80/81*
Albert, König von Sachsen 47
Alexander II. Nikolajewitsch, Zar 14
Antoni 10 f

Bebel, August 35, 41, 79, 84, 87, *68*
von Berge 99
Bernstein, Eduard 37, 39, 109
Biniszkiewicz 38
Bülow, Bernhard Fürst von 55
Büttner, P. 48

Cunow, Heinrich 48, 68, *70/71*, *73*

Daszyńska, Zofia 20
Daszyński, Ignacy 78, 79
Diefenbach, Hans 91, 109, 111, *93*
Dietz, Johann Heinrich Wilhelm 110
Dittmann, Wilhelm 97
Duncker, Hermann 119
Duncker, Käthe 119
Dürr, Fr. 26
Düwell, Wilhelm 48

Eberlein, Hugo 119
Ebert, Friedrich 119 f, 124, *70/71*, *121*
Eckstein, Gustav 76 f, *70/71*, *73*
Eisner, Kurt 46, 48, 64
Engelmann, Otto s. u. Leo Jogiches
Engels, Friedrich 21, 37, 39, 41, 45, 48, 74, 75, 78, 87, 103, 105, 110

Fendrich, Anton 38
Fischer, Richard 103
Frank, Ludwig 81
Frohme, Karl 38
Frölich, Paul 8, 39, 47, 48, 59, 119

Gapon, Georgij A. 47
Goethe, Johann Wolfgang von 34, 49
Gradnauer, Georg 46, 48

Haase, Georg 38
Haase, Hugo 97, 109
Harden, Maximilian (Maximilian Felix Ernst Witkowski) 39
Haupt, Georges 85
Hauptmann, Gerhart 16
Hegel, Georg Wilhelm Friedrich 112
Heinemann, Hugo 69, *68*
Helffmann, Hessa 14
Hervé, Gustave 81
Hilferding, Rudolf 63 f
Hobson, John Atkinson 76
Holst-van der Schalk, Henriette Roland 7
Hue, Otto 49
Huysmans, Camille 85

Jakob, Mathilde 99
Jaurès, Jean 79, 81, 86, 129, *85*
Jesus 16
Jogiches, Leo 29 f, 46, 48, 54, 60, 63, 108, 109, 113, 119, 125, *31*

Kaliski, Julius 48
Karski s. u. Julian Balthasar Marchlewski
Kasprzak, Marcin 16, 21, 38, 87
Kassjusz, Stanisław 14
Katajama, Sen *80/81*
Katzenstein, Simon 69
Kautsky, Benedikt 31
Kautsky, Felix 31
Kautsky, Hans 91
Kautsky, Karl (Vater) 9, 21, 26, 29, 34 f, 36, 39 f, 44, 45, 46, 52, 54, 57, 63 f, 73, 81, 97, 112, 117, *43*
Kautsky, Karl (Sohn) 31, *67*
Kautsky, Luise 7, 8, 9, 29, 30 f, 41, 45, 51, 52, 57, 63, 72 f, 91, 93, 109, 111, 117, 126, *32/33*, *65*
Kennedy, John Fitzgerald 129
Kennedy, Robert Francis 129

Kestenberg, Leo 111
Keynes, John Maynard 77
King, Martin Luther 129
Korolenko, Vladimir G. 14, 17, 110
Kraft, W. s. u. Leo Jogiches

Lange, Paul 119
Lassalle, Ferdinand (Ferdinand Lassal) 21
Ledebour, Georg 38
    janov) 45, 46, 84, 85, 107, 112, 114, 83
Levi, Paul 14, 19, 74, 113 f, 119
Levy, Ernst 17
Liebknecht, Karl 58, 87, 103, 108, 109, 113, 119, 120, 127, 130, 122
Liebknecht, Sonja 58, 118, 125
Liebknecht, Wilhelm 87, 120
Lincoln, Abraham 129
Lubbock, John, Lord Aveburg 11
Lübeck, Gustav 26 f, 29, 60, 64
Lübeck, Karl Wilhelm Eduard 26
Lübeck, Olympia 26
Lunatscharski, Anatoli W. 21
Luxenburg, Anna 16
Luxenburg, Eliasch 8, 14, 79, 11
Luxenburg, Józef 8, 16, 60
Luxenburg, Lina 8, 14, 79, 11

Marchlewski, Julian Balthasar 20, 29, 32, 78, 84, 113, 85
Marcks, Gerhard 7
Marcussohn 127
Marx, Karl 20, 21, 41, 48, 72, 74, 75 f, 105, 110, 112
Max, Prinz von Baden 118 f
Mehring, Franz 35, 44, 68, 87, 103, 113, 70/71, 73
Meyer, Ernst 113, 119
Mickiewicz, Adam 110
Millerand, Alexandre 79
Mörike, Eduard 98

Nettl, Peter 8, 14, 18, 29, 39

Pabst, Waldemar 129
Pannekoek, Anton 64, 68
Peretz, Isaac Leib 9

Perowskaja, Sophie 14
Pieck, Wilhelm 75, 119, 127, 68
Plechanow, Georgij W. 81, 112, 80/81

Roeder, Dr. 72
Roeder, Frau 72
Ronsperger, Luise s. u. Luise Kautsky
Rosenbaum, Marta 72
Rosenfeld, Kurt 69, 72, 70/71

Scheidemann, Philipp 87, 119, 120, 124
Schröder, Wilhelm 48
Schulz, Heinrich 63, 68, 95, 70/71, 73
Seidel, Mathilde 28, 29
Seidel, Robert 21, 26, 28, 29, 44, 28

Sinowjew, Grigorij J. (Grigorij J. Radomylsky) 103 f
Spartakus 108
Stadthagen, Arthur 35, 44, 46, 48, 60, 68 f, 98, 70/71, 73
Stalin, Josef, W. (Iosif V. Džugašvili) 114

Ströbel, Heinrich 48
Südekum, Albert Oskar Wilhelm 103
Suschkoff, Rittmeister 60

Thalheimer, August 73, 119
Thoma, Hans 16
Trotta, Margarethe von 127
Trotzki, Leo (Leib D. Bronstein) 79, 112, 129
Turner, Joseph Mallord William 33
Tyschko, Leo s. u. Leo Jogiches
Tyszka, Jan s. u. Leo Jogiches

Uljanov, Vladimir I. s. u. Wladimir I. Lenin

Vandervelde, Émile 81
Vogel, Kurt 128
Vollmar auf Veltheim, Georg Edler und Ritter 37, 84, 84

Walewska, Gräfin 54

158

Warszawska, Jadwiga 48
Warszawski, Adolf 29, 32, 36, 57
Weinberg, Siegfried 99, 100
Weitling, Wilhelm 39
Westarp, Kuno Graf von 98
Wetzker, Heinrich 48
Wilhelm II., Deutscher Kaiser 46
Witte, Sergej Graf 55
Wodzislawska, Estera 14
Wolf, Julius 19

Wolfstein, Rosi 72
Wurm, Emanuel 60, 97, 70/71, 73
Wurm, Mathilde 18, 60, 97, 98

Zenzi 34
Zetkin, Clara 87, 93 f, 99 f, 103,
   113, 126, 113
Zetkin, Konstantin 63, 91
Zundel, Clara Josefine s. u. Clara
   Zetkin

ÜBER DEN AUTOR

Helmut Hirsch, Jahrgang 1907. Emigrierte 1933 nach Frankreich. Seine Leipziger Dissertation über den intimsten Berliner Freund Karl Marxens, Karl Friedrich Köppen, wurde 1936 in Holland publiziert. Mit Rudolf Leonhard und Maximilian Scheer im Pariser Aktionsausschuß für Freiheit in Deutschland. 1942/45 Abschluß des Studiums mit dem Ph. D. der University of Chicago (Geschichte, Germanistik). Rückwanderung 1957 als Associate Professor der Chicagoer Roosevelt University. Seit 1972 Honorarprofessor für Politologie an der Universität Duisburg. 1988 Dr. phil. der Karl-Marx-Universität, Leipzig. 1993 Cantador-Medaille für Verdienste um Freiheit und Recht und Gebrüder Jacobi-Plakette des Freundeskreises Düsseldorfer Buch. Autor der rowohlt monographien über Friedrich Engels, Bettine von Arnim, August Bebel. Mitglied des P. E. N.

QUELLENNACHWEIS DER ABBILDUNGEN

Internationaal Instituut voor Sociale Geschiedenis, Amsterdam: 6, 17, 19, 31, 42, 43, 50/51, 53, 54, 58/59, 65, 82, 83, 85 oben, 89, 90, 93, 96, 102, 113, 115 / Foto Jens Hagen, Köln-Lindenthal: 8/9 / Bibliothèque Polonaise, Paris (Foto A. Lenkiewicz, Lwow): 10 / Militärmission der Volksrepublik Polen, Berlin: 11 oben und unten, 13, 15 / Zentralbibliothek, Zürich: 20 / Staatsarchiv, Zürich: 22, 23 / Zivilstandesamt, Basel-Stadt: 24, 25, 27, 40 / Karl Kautsky, M. D.: 28, 32/33, 67, 92, 98 / Schweizerisches Sozialarchiv, Zürich: 56, 60, 70/71, 85 unten, 106 / Pinkus & Co., Zürich: 62 / SPD-Archiv, Bonn: 68, 73, 80/81, 118, 121, 122 / Internationale Bilder-Agentur, Zürich: 86 / DGB-Bibliothek, Düsseldorf: 88 / Butinger Library for Political Studies. New York: 94 / Hoover Institution on War, Revolution, and Peace, Stanford: 101, 110 / Hauptstaatsarchiv: Düsseldorf: 104 / Jadwiga Kaczanowska, Feliks Tych: 107 / Rose Frölich: 123 / Institut für Zeitungsforschung, Dortmund: 125 / Aus: Illustrierte Geschichte der Deutschen Revolution (Berlin 1929): 126/127, 128 oben und unten, 129; Hannover, a. a. O. S. 119 zufolge ist die Aufnahme eine Rekonstruktion